WOLF RICHARD GÜNZEL · *Teiche und Moore*

Wolf Richard Günzel

Teiche und Moore

Feuchtoasen im Garten

Dähne  Verlag

Die Deutsche Bibliothek – CIP-Einheitsaufnahme

Günzel, Wolf Richard:
Teiche und Moore : Feuchtoasen im Garten /
Wolf Richard Günzel. – Ettlingen : Dähne, 1996
    (Reihe Gärten und Teiche)
    ISBN 3-921684-25-0

Wolf Richard Günzel
Teiche und Moore
Reihe Gärten und Teiche

ISBN 3-921684-25-0

© 1996 Karl-Heinz Dähne Verlag GmbH, Postfach 250, D-76256 Ettlingen.

Fotos und Zeichnungen: Wolf Richard Günzel

Umschlaggestaltung: Bomans Design, Siebeldingen

Layout: Werner Trauthwein

Herstellung: Kraft Druck GmbH, Ettlingen

Inhaltsverzeichnis

Einige Gedanken zuvor

Vielleicht gehörte es zu den harmlosen Vergnügen in unserer Jugendzeit, zusammen mit Freunden einen Bachlauf, der sich durch eine Wiese schlängelte, an einer schmalen Stelle durch einen Wall aus mühsam angeschleppten Steinen anzustauen. Wenn das Wasser hinter dem Damm immer höher stieg und ihn dann nach geraumer Zeit durchbrach, schaute man fasziniert den Fluten nach, die jetzt sprudelnd in den leeren Bachlauf strömten. Die ersten Bewohner eines Aquariums waren vielleicht ein paar buntgefärbte Stichlinge, die man mit einem Kescher aus dem Dorfteich fischte, und lange Zeit gehörte es nun zur alltäglichen Pflicht, Wasserflöhe aus dem gleichen Tümpel einzufangen, um die Stichlinge mit Futter zu versorgen. Viele von uns erinnern sich sicher an die zahlreichen Kleingewässer dieser Art. Es gab sie auf ungenutzten Wiesenflächen, an Waldrändern und Wirtschaftswegen. Niemand interessierte sich für sie. Nur die Kinder wurden von ihnen magisch angezogen. Einen Gartenteich anzulegen, wäre damals keinem Menschen in den Sinn gekommen, es sei denn, aus praktischen Gründen: als Gänse- oder Entenpfuhl, als Auffangbecken für das Regenwasser, um die Gartenbeete zu begießen.

Im vergangenen Jahrhundert sind fast drei Viertel aller natürlichen Kleingewässer aus unserem Landschaftsbild verschwunden und mit ihnen Tier- und Pflanzenarten,

Faszinierende Wasserwelt:
Ein Wasserfall in Island. – Im Vordergrund blühen Hahnenfuß und Storchenschnabel.

Im nährstoffarmen Hochmoor machen Sonnentaupflanzen Jagd auf tierische Beute. Insekten werden von ihnen angelockt, festgehalten und verdaut.

die heute vielfach zur Rarität geworden sind. Städte- und Verkehrsplanern waren sie im Wege. Landwirte, die auf ihren Anbau- oder Weideflächen keine Hindernisse duldeten, legten Tümpel oder Bäche trokken. Dorfteiche wurden oft deshalb nur mit Schutt aufgefüllt, weil sie dem menschlichen Geschmacksempfinden nicht entsprachen.

Heute sehnen wir uns zurück nach den von uns einst kaum beachteten Naturoasen, und viele der von uns angelegten Gartenteiche mögen ein Ausdruck dieser Sehnsucht sein. Manchem genügt hierzu ein Fertigteich, den er mit ein paar Seerosen und Goldfischen besetzt. Andere wünschen sich ein Biotop. Diesen Begriff übernehmen wir oft allzu gedankenlos in unseren Sprachgebrauch, denn welchen Wert ein selbstgeschaffenes kleines Feuchtgebiet im Garten letztlich auch für unsere Umwelt hat, hängt nicht allein von unseren Vorstellungen,

sondern vor allem auch von unserem Wissen um die Naturzusammenhänge ab.

Auch Feuchtwiesen, Sümpfe und Moore, vom Menschen oft als „Unland" betrachtet, trockengelegt und in kommerziell nutzbare Flächen verwandelt, lassen uns plötzlich erkennen, welche Vielfalt an Tier- und Pflanzenarten wir durch die Veränderung und Vernichtung dieser Landschaften verloren haben. Dieses Buch will deshalb kein Gartenteichratgeber im üblichen Sinne sein, denn – obwohl das Thema Gartenteich hier keineswegs zu kurz kommt – soll auch von anderen, nicht minder faszinierenden Feuchtbiotopen, den Mooren, Feuchtwiesen und Wiesengräben, die Rede sein. Darüber hinaus will es unser Augenmerk auf Besonderheiten im Naturgefüge lenken, die wir nur beim genauen Hinsehen entdecken und bewundern werden und uns zudem mit Pflanzen vertraut machen, denen wir in der freien Natur nur noch selten begegnen, wie Orchideen und Karnivoren. Sie sind für uns auf besondere Weise faszinierend und einzigartig in der Pflanzenwelt: die subtile Pracht der Orchideen und das ungewöhnliche, oft bizarre Erscheinungsbild „fleischfressender" Pflanzen mit ihren listenreichen Lock- und Fangmethoden. Viele dieser botanischen Raritäten und Sonderlinge können heute aus Nachzuchten erworben werden – ohne also die schon arg strapazierten Moorlandschaften etwa durch die Entnahme von Pflanzen aus Naturstandorten noch weiter zu belasten. Diese Kulturpflanzen eignen sich zur Aufzucht und Vermehrung im Gartenmoor, das sich ohne besonderen Aufwand als eigenständiges Feuchtbiotop anlegen oder in einen bestehenden Gartenteich integrieren läßt.

Feuchtbiotope im Garten können, selbst wenn sie einfühlsam und naturnah gestaltet werden, in den wenigsten Fällen ein Ersatz für die verlorene Vielfalt unserer Wasserlandschaft sein. Aber sie besitzen oft schon dadurch ihren Wert, daß sie uns die Natur wieder näherbringen. Denn wenn wir ihre

Naturszene im Hochmoor: Ein Feuerfalter auf Nektarsuche in einer Fieberkleeblüte.

Schönheit, ihre Eigenarten und Geheimnisse unmittelbar vor unseren Augen sehen, werden wir vielleicht auch ihre Botschaften wieder verstehen und sie aufs neue achten lernen.

Der Teich

Planen nach den Leitbildern der Natur

Selbst wenn wir unseren Teich nur mit Pflanzen besetzen wollen, wird er von Tieren erobert werden, denn oft bringen wir mit den Pflanzen schon die ersten Organismen ins Wasser, wie Bakterien oder Nesseltierchen. Auf dem Land- oder Luftweg gelangen Insekten ins Gewässer: Libellen, Wasserläufer, Rückenschwimmer oder Stabwanzen. Mücken legen in ihm ihre Eier ab; badende Vögel können in ihrem Gefieder die Eier von Schnecken oder Amphibien einschleppen... Ohne unser Zutun beginnt im Teich das Zusammenleben voneinander abhängiger Organismen. Pflanzen, als sogenannte Produzenten organischen Materials, dienen nun z. B. Krebstieren, wie Hüpferlingen oder Wasserflöhen, als Nahrung. Die Wasserflöhe und Hüpferlinge werden von größeren Wasserinsekten, wie Wasserläufern und Rückenschwimmern, gefressen, und diese wiederum ernähren die Larven von Großlibellen oder Fische.

Ein Wasserfrosch sonnt sich auf einem Seerosenblatt.

Solche natürlichen Vorgänge sind Teil eines Stoffkreislaufes, in dem verschiedene Mikroorganismen zudem noch eine wichtige Rolle spielen, denn sie sorgen letztlich dafür, daß von außen in den Teich gelangtes Fremdmaterial (wie etwa Fallaub) abgebaut und verwertet wird. Vereinfacht dargestellt wird bei diesem Vorgang, der Mineralisation, organisches Pflanzenmaterial (ebenso das von toten Tieren) in anorganische Substanzen, wie Kohlensäure oder Nährsalze, umgewandelt, welche wiederum von den Pflanzen als Nahrung aufgenommen werden. In einem Gewässer, wie generell in der Natur, wird dieser Kreislauf neben der Photosynthese zum wichtigsten biochemischen Vorgang. Die Photosynthese ermöglicht den Pflanzen die Aufnahme von Sonnenenergie und deren Umwandlung in chemische Energie. Dabei werden mit Hilfe des Sonnenlichts aus Kohlendioxyd und Wasser Kohlenhydrate aufgebaut und Sauerstoff freigesetzt. Ohne Sauerstoff wäre letztlich jegliches Leben im Wasser unmöglich, ebenso wie auf unserer ganzen Erde. Die meisten Teiche in der Natur erlangen durch diesen Kreislauf das oft zitierte „ökologische Gleichgewicht". In ihnen ist somit das Verhältnis von Nährstofflieferanten und Nährstoffverbrauchern ausgeglichen. Sie bieten nicht nur einer Vielzahl von Organismen die jeweils günstigsten Lebensbedingungen – das Gewässer ist durch das Zusammenwirken dieser Organismen in der Lage, sich als stabiler Lebensraum selbst zu reinigen und zu erhalten. In der Natur aber hat der Mensch in der Regel keinen Einfluß auf diese Entwicklung genommen. So haben sich hier Tiere und Pflanzen mit den unterschiedlichsten Lebensansprüchen angesiedelt, sei es im Bezug auf das Nahrungsangebot, die Wasserqualität, die Wassertiefe, das Verhältnis von Licht und Schatten, die Bodenbeschaffen-

Der Anblick naturbelassener Wiesengräben ist heute selten geworden.

Auch kleine Gartenteiche lassen sich naturnah gestalten.

heit oder die angrenzende Ufervegetation. Ein natürliches Gewässer besteht somit aus einer Vielzahl spezieller Lebensräume, von denen jeder den Bedürfnissen bestimmter Tier- und Pflanzenarten entgegenkommt.

Diese Strukturvielfalt läßt sich auch bei der Anlage eines Gartenteiches mit etwas Phantasie erreichen. Selbst wenn wir hier in der Regel keine großflächigen Schilfgürtel oder Inseln einplanen können, bleiben genügend Möglichkeiten für Gewässerabschnitte mit unterschiedlichen Wassertiefen, kleinen Buchten, Sumpfzonen und naturnahen Ufer- und Randbereichen. Wie im Naturgewässer werden auch diese von uns vorbereiteten Habitate und Nischen nach und nach von friedlichen Pflanzenfressern und deren Freßfeinden gleichermaßen besiedelt. Man muß dabei nicht gleich das Ziel im Auge haben, mit seinem Gartenteich zugleich einen Ersatzlebensraum oder ein Rückzugsgebiet für bedrohte Pflanzen- oder Tierarten zu schaffen – so etwas wird nur in den seltensten Fällen gelingen. Mit dem fortschreitenden Verlust natürlicher Gewässer geht aber auch die Individuenzahl jener Tierarten zurück, deren Fortbestand als noch gesichert gilt. Für sie vor allem bieten sich mit unseren Gartenteichen neue Biotope an.

Wer in seinem gesamten Garten nur ein wenig natürliche Entwicklung zuläßt, wird feststellen, daß sich vor allem die fliegenden Vertreter der Tierwelt, ob Vögel, Schmetterlinge oder andere Insekten, hier zahlreicher einstellen, als in einem sterilen Einheitsgarten. Ähnliches läßt sich auch von einem Gartenteich sagen. Ein naturnah gestalteter Gartenteich – an dem natürlich auch die eine oder andere exotische Pflanze blühen darf – läßt eine vielfältigere Tierwelt erwarten; sie wird uns letztlich noch mehr Freude am Naturerleben bringen. Ein Gartenteich, der durch das Zusammenleben vieler Organismen die Fähigkeit zur natürlichen Regeneration und Selbstreinigung erlangt, bringt aber auch weniger Probleme und Arbeit für seinen Besitzer.

Ähnlich wie bei einem Teich in der Natur läßt sich auch ein Gartenteich durch unterschiedliche Gewässer- und Uferzonen so gestalten, daß er zu einem idealen Lebensraum für Tiere und Pflanzen wird. ❶ Tiefwasserzone ❷ Flachwasserzonen ❸ Sumpfzone ❹ Ruhezonen und Verstecke für Kleintiere.

Teich und Moor

Zwei eigenständige Biotope aus einer Folienbahn

Grundsätzliche Überlegung vor dem Bau eines Folienteiches

Wie eingangs erwähnt, will Ihnen dieses Buch nicht nur bei der Planung und Anlage eines Teiches im Garten behilflich sein. Es möchte darüber hinaus Ihr Augenmerk und Interesse auf eine bisher wenig beachtete Form von selbstgeschaffenen Feuchtanlagen lenken: Das Gartenmoor. Der besondere Reiz eines Gartenmoores liegt in einem vielfältigen Angebot an einheimischen und exotischen Pflanzen, von denen uns die meisten durch ihre bizarre Form und Farbenpracht und ihre botanische Extravaganz begeistern und verblüffen. Ob Gartenteich oder Gartenmoor – beide Formen werden Sie, richtig angelegt, später mit ihrem Blütenzauber für manche Plackerei entschädigen. Planung und Bau dieser Feuchtbiotope als eigenständige Anlagen werden im weiteren Verlauf dieses Buches ausführlich dargestellt; eine Reihe von Fotos und Skizzen sollen Ihre Phantasie anregen oder das Beschriebene nochmals deutlich machen.

Die erhöht verlegte Folie trennt den nährstoffarmen Moorbereich vom nährstoffreicheren Teichbereich.

13

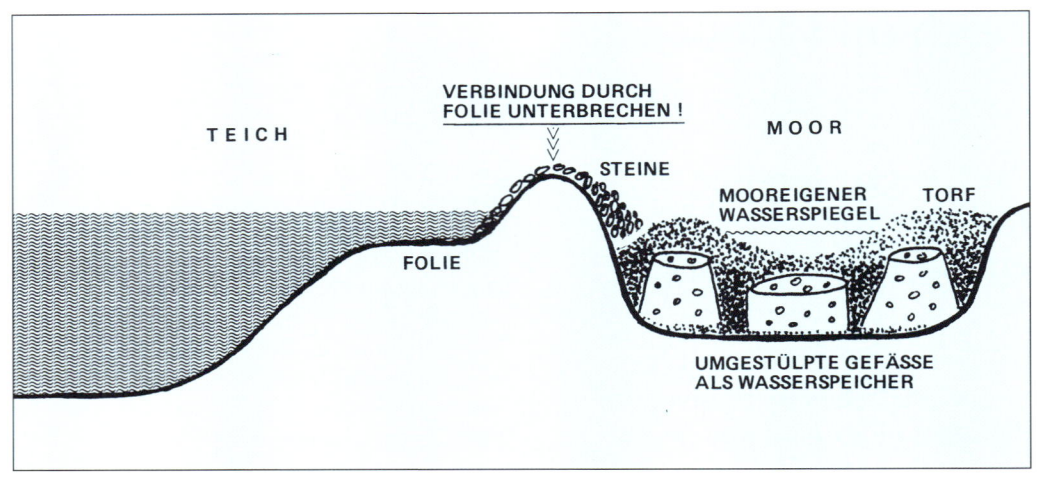

VERBINDUNG DURCH
FOLIE UNTERBRECHEN!

TEICH

MOOR

STEINE

MOOREIGENER
WASSERSPIEGEL

TORF

FOLIE

UMGESTÜLPTE GEFÄSSE
ALS WASSERSPEICHER

Zuvor aber möchte ich Sie auf eine Möglichkeit hinweisen, wie Sie mit dem geringsten Arbeits- und Kostenaufwand und nur einem Folienstück einen Gartenteich und ein Gartenmoor als Einheit und dennoch als jeweils separate Anlage planen und gestalten können. Diese Gelegenheit besteht nur jetzt – vor dem ersten Spatenstich! Schon mehrfach habe ich in der Vergangenheit die Erfahrung gemacht, daß Gartenteichbesitzer sich später für ein Gartenmoor begeisterten. Eine getrennte Mooranlage in unmittelbarer Nähe oder in der weiteren Umgebung des Teiches wäre natürlich realisierbar gewesen. Aber in den meisten Fällen schreckte man vor den bevorstehenden Arbeiten und Kosten zurück. So wurde dann ein kleiner Moorbereich in den bestehenden Gartenteich integriert und mit losen Steinen abgegrenzt, was ausnahmslos zu Mißerfolgen führte. Die „Moorecke" verlor im Laufe der Zeit ihren ursprünglichen Charakter, wurde nach und nach von Teichpflanzen erobert und schließlich von ihnen überwuchert. Dies war eigentlich eine natürliche Entwicklung, denn fast alle Moorpflanzen verlangen für ihr Gedeihen eine stickstoffarme, saure Grundlage, die mit dem nährstoffhaltigen Teichwasser verlorengeht. Grundsätzlich müssen also Gartenteich und Gartenmoor voneinander getrennt sein, und das Foto (Seite 13) sowie die Grafik (oben) sollen Ihnen verdeutlichen, wie diese Trennung im Prinzip geschehen kann. Mit Phantasie und Geschick wird es Ihnen gelingen, die in der Mitte erhöhte Folienwand zwischen beiden Anlagen mit natürlichen Materialien so zu gestalten, daß der Übergang nicht mehr sichtbar ist. Mit diesem optischen Trick gehen Teich und Moor unmerklich ineinander über und bilden in Ihrem Garten zwei interessante Feuchtanlagen, die sich durch ihre botanischen Besonderheiten harmonisch ergänzen werden.

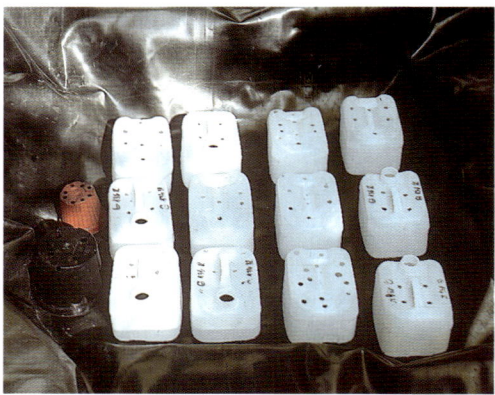

Eingebrachte Wasserspeicher im Moorbereich sind die Grundlage für eine dauerhafte Bewässerung (s. Kapitel „Die Wasserspeicher").

Teichbau mit einer großflächigen, formalen Randgestaltung.

Vor dem Baubeginn – die Lage des Teiches

Ein Gartenteich sollte so angelegt werden, daß nach seiner Fertigstellung und Bepflanzung der Eindruck entsteht, als sei er schon immer an diesem Platz gewesen, als gehöre er genau an diese Stelle!

Dies besagt nichts anderes, als daß man den idealen Standort für ihn finden muß. Seine Wahl hängt aber nicht allein von unserem menschlichen Geschmacksempfinden ab. Wir müssen dabei ebenso den Ansprüchen der Tiere und Pflanzen, die in ihm leben sollen, Rechnung tragen.

Wenn spielende Kleinkinder im Garten zu erwarten sind, muß jedoch zu allererst an ihre Sicherheit gedacht werden, ja man muß sich sogar überlegen, ob der Teich nicht eine ständige Gefahrenquelle für sie ist und man deshalb ganz auf ihn verzichten sollte.

Berücksichtigt man die biologische Entwicklung in einem Teich sowie die allgemeinen Bedürfnisse der in ihm siedelnden Lebewesen, so sollte ein Platz gewählt werden,

- an dem wenigstens fünf Stunden täglich die Sonne scheint (ausgenommen die heißen Mittagsstunden),
- an dem keine Bäume oder höherwüchsige Sträucher in unmittelbarer Nähe stehen,
- wo der Teichrand notfalls von allen Seiten betreten werden kann,
- der nicht im Wurzelbereich großer Bäume liegt (dieser Bereich kann z. B. bei stattlichen Birken in einem sehr weiten Umkreis verlaufen),
- an dem der Wind nicht ungebremst von allen Seiten wehen kann
- wo der Regen nicht von hohen Baumkronen o. ä. abgefangen wird.

Bedenken Sie auch den Abstand des Teiches zum Nachbargrundstück und Ihr Verhältnis zum Nachbarn. Eine sicher unbegründete Furcht vor Mückenplagen hat schon manchen Streit vom Zaun gebrochen; von einem Froschkonzert, das einmal folgen könnte, ganz zu schweigen.

Viele Grundstücke werden sich letztlich als zu klein erweisen, um den idealen Standort für die Teichanlage auszuwählen. Die folgenden natürlichen Gegebenheiten aber sollte man in jedem Falle beachten:

- Eingewehte Blätter sind eine organische Belastung für den Teich. – Das ganze Ausmaß des Laubeinfalls wird aber erst im Herbst erkennbar.
- Zu viel Schatten bringt viele Pflanzen nicht zum Blühen.
- Eine zu intensive Sonneneinstrahlung erhöht die Wassertemperatur auf unnatürlich hohe Werte. Stark erwärmtes Wasser aber fördert den Algenwuchs, reduziert das Sauerstoffaufkommen und macht vielen Teichbewohnern das Leben schwer.

Licht und Schatten verändern sich im Rhythmus der Jahreszeiten. Beobachten Sie deshalb die von Ihnen ausgewählte Stelle für den Teich über längere Zeit. Es lohnt sich, weil es Sie vor unliebsamen Folgeerscheinungen, die sich nicht mehr korrigieren lassen, bewahren kann.

Teichgröße und Teichtiefe beim Folienteich

Eine allgemeine Empfehlung für die Teichgröße läßt sich kaum geben; sie wird in den meisten Fällen von der im Garten zur Verfügung stehenden Fläche bestimmt.

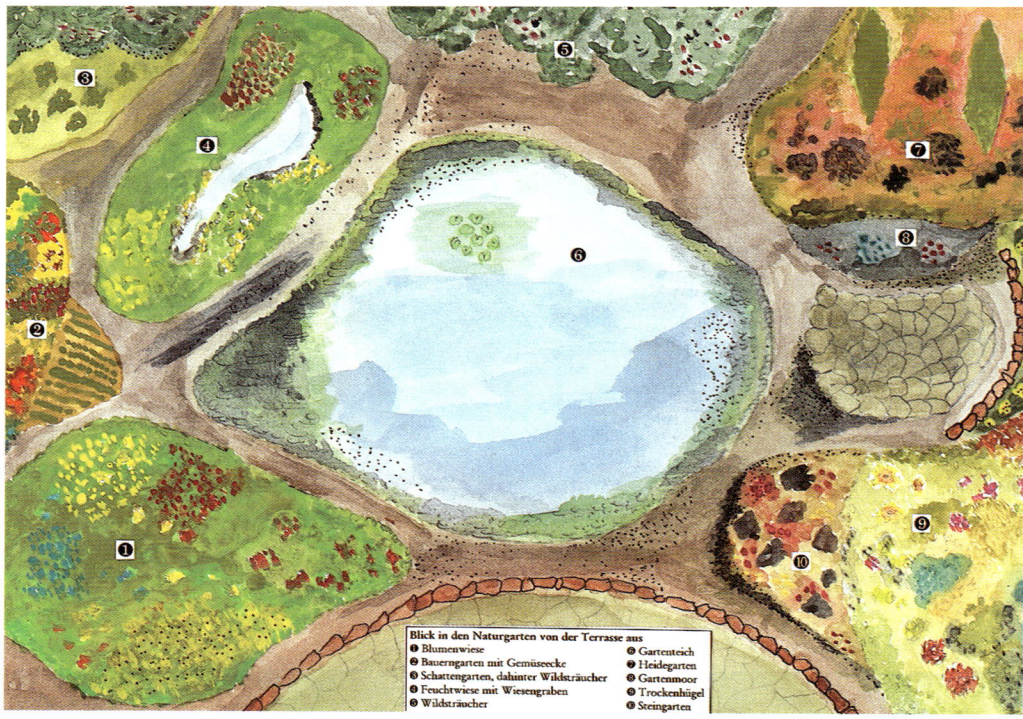

Blick in den Naturgarten von der Terrasse aus
❶ Blumenwiese ❻ Gartenteich
❷ Bauerngarten mit Gemüseecke ❼ Heidegarten
❸ Schattengarten, dahinter Wildsträucher ❽ Gartenmoor
❹ Feuchtwiese mit Wiesengraben ❾ Trockenhügel
❺ Wildsträucher ❿ Steingarten

Gestaltungsbeispiel für einen Naturgarten mit den in diesem Buch beschriebenen Feuchtbiotopen Gartenteich, Gartenmoor, Feuchtwiese und Wiesengraben.

Dieser Teich fügt sich ohne sichtbare Übergänge in das angrenzende Gartengelände ein. Seine Randbereiche werden von Pflanzen überwuchert.

Eine kreisrunde, monotone Teicheinfassung wird nicht jedem gefallen. Durch den üppigen Bewuchs mit Sumpfpflanzen wirkt die Anlage jedoch weniger streng.

Auch bei größeren Teichanlagen kann es zeitweilig zu einem erhöhten Algenbewuchs kommen. Dabei handelt es sich meist um eine periodisch bedingte Erscheinung, die sich durch die biologische Selbstreinigungskraft des Gewässers auf natürliche Weise reguliert.

Richtungsweisend kann nur gesagt werden, daß ein großer, relativ tiefer Teich am Ende weitaus weniger Probleme machen wird als eine kleine, flache Wasserstelle. Ein großer Teich erlaubt eine interessantere Bepflanzung. Er wird sich im Sommer nicht so rasch erwärmen, weniger schnell verlanden, leichter seine Fähigkeit zur biologischen Selbstreinigung erlangen und damit dem lästigen Algenwuchs entgegenwirken.

Wiederholt wird in diesem Buch erwähnt, daß wegen der im Teich siedelnden Tiere eine Tiefenzone von mindestens 1 m eingerichtet werden sollte. Selbst wenn vielfach die Meinung vertreten wird, für einen reinen Pflanzenteich genüge schon eine Wassertiefe von etwa 60 cm, sollte man bedenken, daß einige Libellenarten auch in flachen Gartengewässern ihre Eier ablegen werden, was natürlich auch in der Natur zu beobachten ist. In einem flachen Gartenteich aber wird die Verbindung zum

natürlichen Grundbereich durch die Folie unterbrochen. Das Sauerstoffaufkommen ist vor allem im Winter weitaus geringer als in einem seichten Naturtümpel; ein bis auf den Grund zugefrorener Gartenteich gar läßt z. B. Libellenlarven keine Überlebenschance. Ein hoher Wasserstand im Gartenteich sorgt aber auch an heißen Sommertagen für kühles Wasser in der Tiefe, was jetzt besonders wichtig ist.

Teichform und Teichprofil

Die Teichform ist im Grunde genommen eine Frage des Geschmacks. Eine strenge Formgebung, wie etwa die eines kreisrunden oder quadratischen Teiches, wird aber später nur eine bestimmte Randgestaltung und Bepflanzung zulassen und damit für

Durch seine einseitige Randgestaltung mit Steinen liegt dieser Teich allzu dominierend in dem großen Gartengelände.

Naturnah angelegter Gartenteich mit angrenzendem Sumpfbereich.

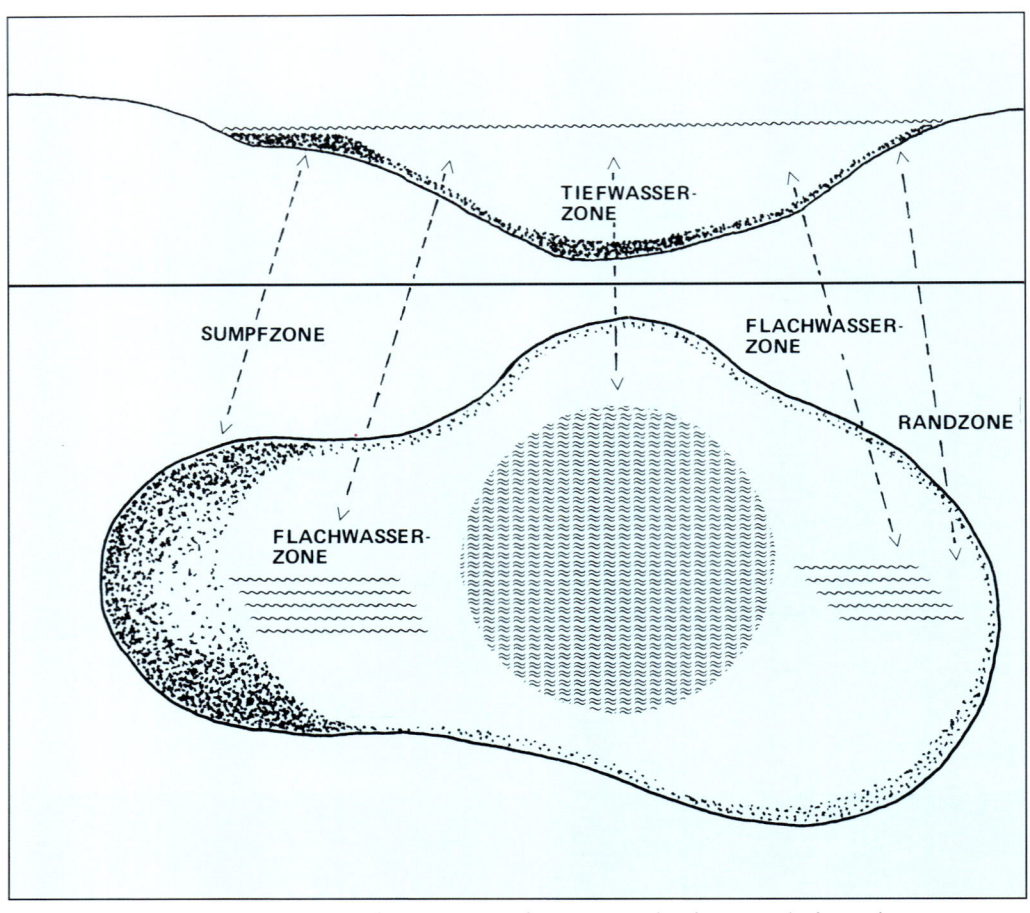

Beispiel für die Anlage eines naturnahen Gartenteiches mit verschiedenen Tiefenbereichen.

Tiere weniger interessant sein. Für den naturnahen Teich bieten sich deshalb diese Formen weniger an, nicht zuletzt deshalb, weil es eigentlich auch kein Naturgewässer gibt, das nach klaren geometrischen Formen verläuft. Teiche mit buchtenreichen Uferrändern, die viel eher verschiedene Tiefenbereiche und Sumpfzonen und eine damit verbundene artenreiche Bepflanzung ermöglichen, werden auch von der Tierwelt eher angenommen. Sie bieten ausreichende Verstecke, Eiablageplätze und Ruhezonen und ermöglichen so eine breitere Entwicklung der Teichfauna, die in engem Zusammenhang mit der gesamten biologischen Entwicklung des Gewässers steht.

Neben der Teichgröße spielt noch das Teichprofil (der Querschnitt durch die Teichgrube) eine wichtige Rolle. Das Teichprofil muß schon beim Ausschachten die verschiedenen Tiefenbereiche, wie Tiefwasser-, Flachwasser- oder Sumpfzone, modellieren. Diese Bereiche sollten so gestaltet werden, daß die dabei entstehenden Winkel nicht zu steil verlaufen. Der Teichboden muß also später hier liegenbleiben und darf nicht nach unten rutschen. Solche flach verlaufenden Winkel können bei kleinen oder am Hang liegenden Teichanlagen freilich nicht immer eingehalten werden. Um die frostfreie Tiefenzone von 1 m zu erreichen, empfiehlt es sich dann, Steilufer anzulegen, die später mit Hilfe von Böschungsmatten bepflanzt werden. Es sollte aber vermieden werden, daß der gesamte Uferbereich des Teiches aus Steilhängen besteht! Wenigstens eine Uferseite sollte flach verlaufen und als Sumpfzone vorgesehen werden. Gerade in einem solchen Bereich können die schönsten und für die biologische Reinigung des Teiches wichtigen Pflanzen siedeln. Zudem werden auch Tiere, die ins Wasser gefallen sind, dort einen Ausweg finden.

Der Folienteich

Die weitaus meisten Gartenteiche werden mit Folie angelegt. Dies muß, zumindest aus ökologischer Sicht, nicht bedeuten, daß es damit auch die beste Methode ist. Die Verwendung von Folie bleibt aber heute unbestritten die preiswerteste und einfachste Art der Teichgestaltung.

Ausheben der Teichgrube

Bevor es soweit ist, sollte am ausgewählten Standort die Form des Teiches mit einem Gartenschlauch o.ä. sichtbar gemacht werden. Man umlegt also damit das vorgesehene Teichgelände, bezieht Buchten und

Mit einem Gartenschlauch lassen sich die Konturen eines geplanten Teiches sichtbar machen.

Hochwüchsige Sumpfpflanzen, wie diese prachtvolle Iris laevigata, brauchen am Boden besonderen Halt. An zu steil geratenen Teichrändern wird es mit ihrer Anpflanzung Probleme geben.

Halbinseln mit ein und verändert mit dem elastischen Gartenschlauch Stück für Stück die Konturen, bis sie den eigenen Vorstellungen entsprechen. Mit hellem Sand oder Kalk wird jetzt der Verlauf der Teichgrube nochmals markiert – der schwerste Teil der Arbeit, das Ausschachten, kann beginnen.

Über die Teichtiefe und das Teichprofil wurde in den vorherigen Kapiteln bereits einiges gesagt. Jetzt heißt es, jene Vorstellungen, die man von „seinem" Teich bereits im Kopf hat, mit dem Spaten zu verwirklichen. Individuelle Tiefenbereiche müssen sorgfältig geschaffen werden, deshalb beginnt man am besten vom Rand her nach innen auszuschachten. Dabei muß vor allem darauf geachtet werden, daß die Übergänge von einem Bereich zum anderen flach verlaufen. Die Ufer müssen mit geringem Gefälle gestaltet werden, um „blanke" Folienränder oder Probleme beim Bepflanzen zu verhindern. Das gleiche gilt für den Übergang von der Sumpfzone zum Flach-

wasserbereich und von diesem zur Tiefenzone. Zu steil geratene Übergänge bedeuten zumindest, daß man sie später nur mit Hilfe von Böschungsmatten bepflanzen kann.

Der Aushub und seine Verwendung

Wenn man die Rasenflächen um den Teich herum schonen möchte, sollte man den Aushub auf vorher ausgebreiteten Folien lagern, getrennt nach Mutter- und Unterboden. Je nach Gestaltungsabsicht kann später der weniger wertvolle Unterboden als Grundlage für einen Wall oder Hügel am Teichrand dienen, ggf. auch für einen Bachlauf, der auf einer Erhebung seine Quelle hat. Der Mutterboden, der Humusbestandteile und zahlreiche Kleinlebewesen enthält, kann bei der Teichrandbepflanzung oder im weiteren Gartenbereich Verwendung finden.

Beim Ausheben sollte man die Grasnarbe nicht sofort mit dem Spaten zerstören. Sorgsam ausgestochene Rasensoden können nicht nur für das Anlegen eines Rasenufers dienen, sondern auch zur „Reparatur" von Schäden, die oft im Eifer der Arbeit auf Grasflächen neben der Teichbaustelle entstehen.

Unliebsame Überraschungen

Auch wenn man den Teichstandort zuvor mit Sorgfalt ausgewählt hat, kann es beim Ausheben der Teichgrube Überraschungen geben. Die Vorstellung, Sie würden auf halbem Wege zur geplanten Teichtiefe auf ein Betonfundament oder auf massives Naturgestein stoßen, wollen wir dabei nur als eine theoretische Möglichkeit betrachten. Herausstehende Baumwurzeln oder spitze

Steine aber gehören beim Ausheben der Teichgrube oft zur unliebsamen Realität. Auf solchen Böden ist man gezwungen, nach allen Richtungen hin noch tiefer auszuschachten als geplant. Denn um die Folie zu schützen, muß jetzt eine zusätzliche Sandschicht eingebracht werden, die als Polster dient. Soll also die tiefste Zone des Teiches am Ende einen Meter betragen, müssen etwa 5 cm für die Sandunterlage hinzugerechnet werden sowie weitere 10 cm für die Folie und die Pflanzerde.

Das Justieren des Wasserspiegels

Nichts ist ärgerlicher, als am Ende der Bauarbeiten feststellen zu müssen, daß das einfließende Wasser an einer Seite bereits in den Garten läuft, während am gegenüberliegenden Ufer die Folie noch zentime-

Die Berge von Aushub, die beim Teichbau anfallen und zunächst Kopfzerbrechen machen, können mitunter so genutzt werden, daß sie das Bild des Teiches und des gesamten Gartens bereichern. Hier wurde der Aushub zu einem Hügel am Teichrand geformt, der mit seiner Blütenpracht die Blicke auf sich zieht.

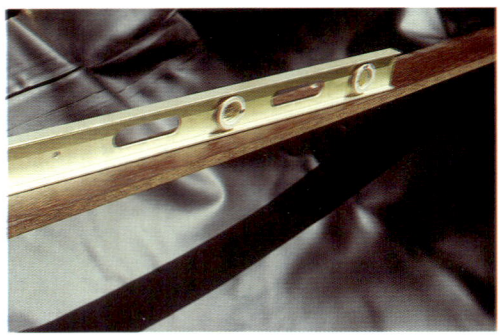

terhoch sichtbar wird. Ein optisches Nivel-
liergerät zum Justieren des Wasserspiegels
wird nur selten zur Verfügung stehen. Falls
aber ein ausreichend langes und gerades
Brett vorhanden ist, kann man es nach allen
Richtungen auf die gegenüberliegenden
Teichränder legen und mit einer Wasserwaage prüfen, ob sie waagerecht verlaufen.
Eventuelle Differenzen müssen dann durch
Abtragen oder Aufschütten des Erdreichs
ausgeglichen werden.

Eine andere Möglichkeit zum Justieren ist
die Verwendung einer Schlauchwaage.
Hierzu kann ein elastischer, transparenter
Schlauch dienen, notfalls auch ein weicher
Gartenschlauch, in dessen Enden man dann
allerdings zwei passende, durchsichtige
Plastikröhrchen stecken muß. Schlagen Sie
am inneren Rand der Teichgrube kleine
Pflöcke ein. Binden Sie ein Schlauchende
an einen dieser Pflöcke. Holen Sie eine
wassergefüllte Gießkanne (ohne Gießauf-
satz). Nehmen Sie das andere Schlauchende in die Hand und halten Sie es etwas höher als das angebundene. Schütten Sie das
Wasser in das sich in Ihrer Hand befindli-
che Ende des Schlauches, bis es an der gegenüberliegenden Seite überfließt. Halten
Sie jetzt das Schlauchende in Ihrer Hand
auf gleicher Höhe wie das andere. Gehen
Sie so durch die Teichgrube und markieren
Sie den im Schlauchende angezeigten Wasserstand an den Pflöcken. Es hat keinen Einfluß auf die Meßgenauigkeit dieser Methode, wenn der Schlauch dabei nicht plan am
Boden liegt oder in Schlangenlinien ver-

läuft. Die Schlauchwaage funktioniert nach
dem Prinzip der kommunizierenden Röh-
ren; der Wasserstand, der in beiden Schlauch-
enden sichtbar wird, hat exakt die gleiche
Höhe.

Die Folie

Die Empfehlung einer bestimmten Folienart darf an dieser Stelle nicht erwartet
werden, da es bei jedem Teichbau individuelle Faktoren gibt, die für oder gegen das
eine oder andere Produkt sprechen.

Die verwendete Folie sollte in jedem Fall
• lichtbeständig sein, d.h. sie muß den
  UV-Strahlen der Sonne dauerhaft stand-
  halten,

*Nach Möglichkeit sollte man das Verbinden von
Folienteilen einem Fachunternehmen überlassen. Diese Firmen übernehmen in der Regel auch
die Garantie für zusätzliche, maschinell ausge-
führte Schweißnähte, die z. B. dann erforderlich
werden, wenn man eine Foliengröße benötigt,
die die im Handel angebotenen Maße über-
schreitet. Kleinere Folienverbindungen oder Re-
paraturen bei PVC-Folien kann man selbst im
sog. Quell-Schweißverfahren ausführen. Hierbei
werden die sauberen und fettfreien Folienenden
auf einer glatten Unterlage etwa 5 cm überlap-
pend ausgelegt. Dann wird das Quell-Schweiß-
mittel mit einem Flachpinsel zwischen den Bah-
nen aufgetragen; anschließend werden diese mit
einer Anpreßrolle aufeinandergedrückt. Danach
sollte man die Nahtstelle noch einige Zeit be-
schweren; sie hat nach etwa 24 Stunden ihre vol-
le Stabilität erreicht.*

- sie darf unter dem Druck nachwachsender Wurzeln nicht durchlöchert werden oder reißen,
- sie muß kältebeständig bis max. -30° sein, ebenso
- verrottungsfest und resistent gegen Chemikalien,
- und muß schließlich für diese Anforderungen
- eine möglichst lange Garantiezeit seitens des Herstellers haben.

Lange Zeit war die PVC-Folie (Polyvinylchlorid) die beim Teichbau am häufigsten verwendete Folienart. Heute ist ihr Einsatz aus ökologischer Sicht etwas umstritten, u.a. deshalb, weil sie Wasser und Böden in geringen Mengen mit chemischen Absonderungen belastet. Die Vorteile der PVC-Folie liegen in ihrem geringen Preis und der Möglichkeit, Folienstücke ohne besondere Vorkenntnisse mit einfachen Mitteln zu verkleben oder zu verschweißen.

PE-Folien (Polyethylen) gelten als umweltfreundlicher, sind aber teurer und lassen sich in größeren Stücken nur mit einem elektronischen Spezialverfahren verbinden.

Kautschuk-Folien sind schließlich die „natürliche" Alternative. Sie sind sehr geschmeidig, dehnbar und von langer Haltbarkeit. Sie wären eigentlich jene Folienart, die dem umweltbewußten Gartenteichfreund empfohlen werden könnte. Nachteilig wirken sich aber ihr relativ hoher Preis und die etwas komplizierte Verbindungsmöglichkeit von Folienstücken mittels eines besonderen Schweißverfahrens aus.

Foliengröße

Die richtige Foliengröße wird am besten mit einer Schnur ermittelt, die man einmal durch den längsten und zum anderen durch den breitesten Teil der Teichgrube legt. Dabei muß darauf geachtet werden, daß sie

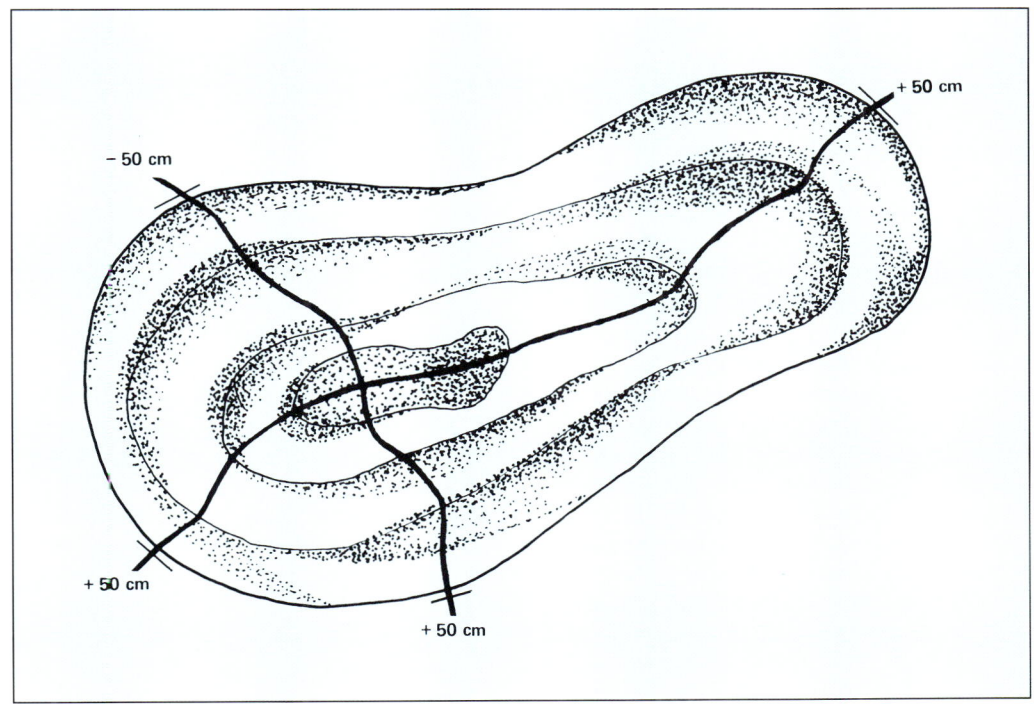

bei ihrem Verlauf durch alle Tiefenbereiche der Grube am Boden aufliegt. Danach wird die Schnur gestrafft und mit einem Zollstock vermessen. Ganz wichtig ist es, bei der Messung etwa 50 cm pro Seite als Reserve für die Teichrandgestaltung und unkalkulierbare Faltenbildung der Folie hinzuzurechnen. Wenn also nach der gestrafften Schnur gemessen die Teichlänge 6 m beträgt, muß 1 m als weiterer Folienbedarf dazugerechnet werden.

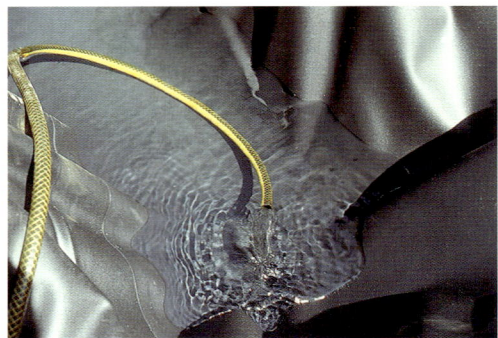

Der Druck des einlaufenden Wassers preßt die Folie an das Bodenprofil. Weiter oben muß ihre Lage jetzt nochmals korrigiert werden.

Folienstärke

Wie dick die verwendete Folie schließlich sein muß, hängt wiederum von individuellen Gegebenheiten wie Teichgröße und Bodenbeschaffenheit ab. Ein Bodengrund, der trotz zusätzlicher Sicherheitsmaßnahmen (Sandschicht oder Vliesmaterial) etwa durch nachwachsende Baumwurzeln gefährdet ist, wird eine Folienstärke von 1 mm oder noch darüber erfordern, während für kleine Teiche auf reinen Sand- oder Lehmböden meist schon eine Folienstärke von 0,5 mm genügt.

Einlegen der Folie

Das Einlegen der Folie sollte möglichst an einem sonnigen, warmen Tag geschehen. Vorausgesetzt, man kommt mit einer Foliengröße in handelsüblichen Maßen aus (bei der also zusätzliche Verklebe- oder Verschweiß-Arbeiten entfallen), breitet man sie auf einer ebenen Fläche neben der Teichgrube aus. Etwa eine Viertelstunde der Sonne ausgesetzt, wird die Folie weich und geschmeidig. Sie wird nun von mehreren Personen an den Rändern gefaßt, und man läßt sie dann vorsichtig in die Teichgrube gleiten. Barfuß oder in leichten Turnschuhen geht man jetzt in die Grube, drückt die Folie in die vorgesehene Form und glättet die Falten so gut es geht. Nun werden die über den Teichrand reichenden Folienen-

den provisorisch mit Steinen beschwert; danach wird erstmals Wasser in die tiefsten Stellen der Teichgrube eingelassen (s. hierzu „Kleine Hilfen beim Bepflanzen"). Durch den Wasserdruck preßt sich die Folie jetzt vollständig an das Teichprofil der unteren Zonen. Weiter oben wird sie aber neue Falten werfen, die nochmals geglättet werden müssen.

Der Teichgrund

Wir haben schon einiges Wasser im Teich, aber noch immer wurde nichts zum Bodengrund gesagt, der später der Bepflanzung dienen soll. Normale Gartenerde, die gerade zur Verfügung steht, ist hierfür völlig ungeeignet. Sie enthält viele Humusbestandteile. Der Teichgrund indes soll so nährstoffarm wie möglich sein. Nehmen Sie also etwa drei Viertel Lehmerde und vermischen Sie diese mit einem Viertel Sand. Ich will damit nicht sagen, daß dies die ideale Mischung ist. Wenn Sie aber in zehn Gartenteichbüchern auf diese Frage eine exakte Antwort suchen, werden Sie zehn anderslautende Ansichten kennengelernt haben. Dabei sind sich allerdings alle Autoren hinsichtlich der mageren Nährstoffverhältnisse des Pflanzsubstrates einig.

Steine für die Teich- und Teichrandgestaltung werden im Fachhandel in großer Menge angeboten.

Randbefestigung

Bepflanzung und Randbefestigung sind zwei Arbeitsvorgänge, die bei der Teichgestaltung ineinandergreifen. Zum einen kann man den Teich nicht völlig mit Wasser füllen, weil dann das Einbringen des Pflanz-

Die endgültige Randbefestigung sollte erst bei vollem Wasserstand im Teich erfolgen. So können noch erneut auftretende Falten geglättet werden.

substrates und der Pflanzen selbst fast unmöglich würde. Andererseits sollte die endgültige Teichrandgestaltung und -befestigung erst bei vollem Wasserstand erfolgen, da sich nun die Folie noch einmal leicht nach unten ziehen wird. Letztendlich wird sich aber auch in der Verbindung von Teichbepflanzung und Randgestaltung zeigen, ob beides miteinander harmoniert. Der letzte Teil unserer Arbeit wird also eine Kombination aus Teichrandgestaltung, Bepflanzung und dem weiteren Auffüllen des Wasserinhaltes sein.

Gestaltung des Randbereiches

Obwohl die Teichrandgestaltung im Grunde genommen wiederum eine Geschmacksfrage ist, wird sie doch vielfach als der schwierigste Teil beim Anlegen eines Gartenteiches empfunden. Tatsächlich ist der Übergang vom Teich zum übrigen Gartenbereich jene Zone, der man besondere Aufmerksamkeit widmen sollte. Kein

Naturschieferplatten, ungezwungen angeordnet, dienen bei dieser kleinen, natürlich gestalteten Teichanlage als Gehweg und Uferbefestigung.

noch so liebevoll angelegter Teich kommt richtig zur Geltung, wenn seine Randgestaltung mißlungen ist. Eine Grundvoraussetzung bei allen Überlegungen und Planungen ist hierbei das Bedecken der Folie. Blanke Folienränder sind nicht nur unansehnlich; selbst eine teure Teichfolie, die jahrelang ungeschützt den UV-Strahlen der Sonne ausgesetzt ist, wird schließlich hart und brüchig.

Bruchsteine, Natursteinplatten, Kiesel, Findlinge, Kant- und Rundhölzer sind ideale und natürliche Materialien, die sich zur Teichrandgestaltung anbieten. In der Natur werden wir aber nie erleben, daß sich Bruchsteine oder Kiesel in steriler Folge aneinanderreihen, und auch wir selbst werden es kaum als schön empfinden, wenn wir den Teichrand nach einem Einheitsmuster mit Steinen oder Hölzern „pflastern".

Zu Pflegemaßnahmen sollte das Gartenteichufer von allen Seiten erreichbar sein,

aber unbedingt auch Ruhezonen für Tiere oder Standorte für empfindliche Pflanzen, die sich dort ungestört entwickeln können, einbeziehen.

Für junge Vögel, wie diese eben erst flügge gewordene Meise, sind Gartenteiche mit Steilufern oder überwachsener Wasseroberfläche eine Gefahrenquelle.

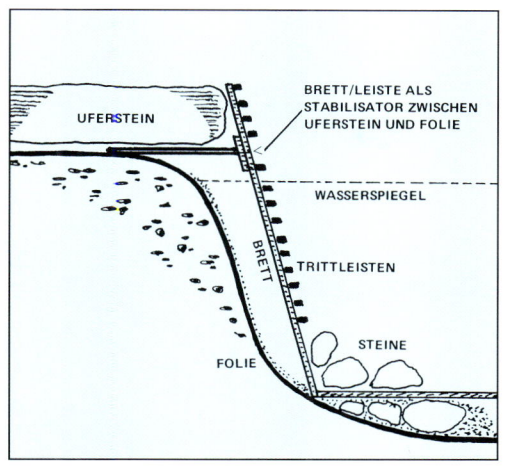

den. Versuchen Sie an solchen Stellen schon beim Bau des Teichrandes einen rettenden Ausweg (etwa durch übereinandergelegte Steine) für sie zu finden.

Die einfachste und wohl auch natürlichste Form der Randgestaltung ist das Bedecken der über die Ufer reichenden Folie mit Rasensoden. Diese formbaren Grasplatten, die uns schon beim Ausheben der Teichgrube vielfach zur Verfügung stehen, werden so auf das Folienende gelegt, daß sie die

Zu steil geratene Ufer bereiten nicht nur bei der Randgestaltung und späteren Bepflanzung Probleme. Sie können auch für hereingefallene Tiere zum Verhängnis wer-

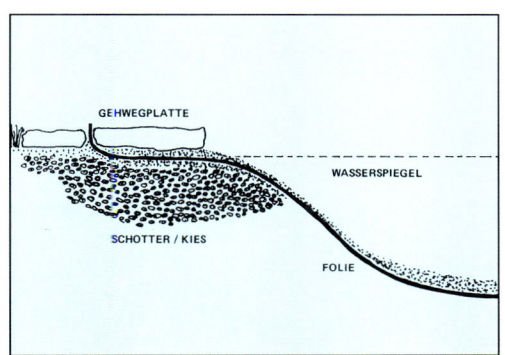

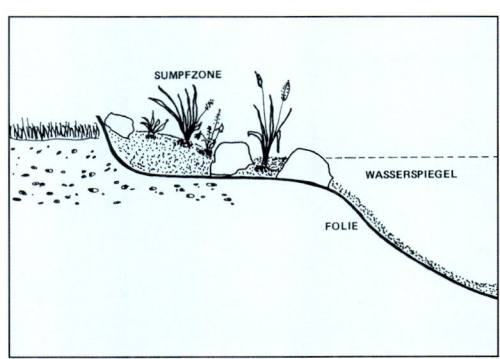

Gestaltungsmöglichkeiten für den Randbereich

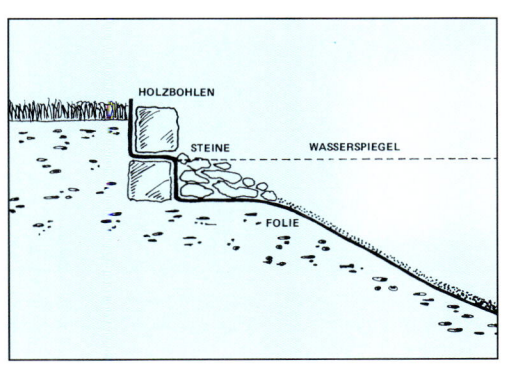

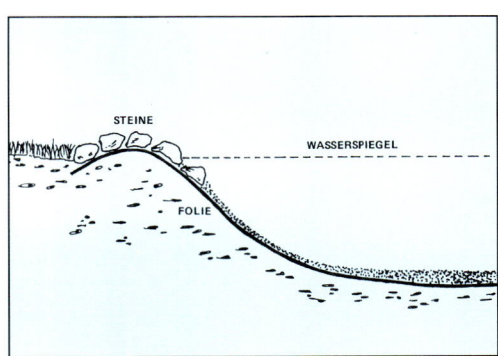

gesamte Uferwölbung bedecken und einige Zentimeter ins Wasser reichen. Hinter den Rasensoden wird die Folie nach oben gebogen und dann an der Graskante abgeschnitten. Das nach oben gebogene Folienende trennt das eingelegte Ufergras vom übrigen Gartenbereich. Es dient als sogenannte Kapillarsperre und verhindert, daß Teichwasser vom angrenzenden Erdreich in größeren Mengen herausgesogen wird.

Für welche Form der Teichrandgestaltung wir uns auch entscheiden mögen – sie sollte letztlich den Lebensansprüchen der Tiere und Pflanzen gerecht werden und dabei natürlich auch unserem persönlichen Geschmack entsprechen. Je geschickter und phantasievoller wir dies anstellen, um so harmonischer wird sich die Teichanlage in das Gesamtbild eines schönen Gartens einfügen.

Kleine Hilfen beim Bepflanzen

Unterwasserpflanzen

Wenn Sie den Teich in der tiefsten Zone mit Unterwasserpflanzen besetzen wollen, werden Sie anders vorgehen müssen, als es zuvor in den Kapiteln „Einlegen der Folie" und „Der Teichgrund" beschrieben wurde. Dann muß zuerst der Bodengrund eingebracht werden. Danach wird langsam der untere Teichbereich mit Wasser gefüllt. Barfuß oder in Gummistiefeln geht man jetzt vorsichtig ins flache Wasser, bereitet mit den Händen eine Pflanzgrube vor, setzt die Pflanze ein und schiebt das Erdreich in die Mulde zurück. Bei der Bepflanzung im Niedrigwasser läßt sich leicht kontrollieren, ob die Pflanze aufschwimmt. Ein nochmaliges Einpflanzen ist jetzt ohne Probleme möglich.

Pflanzen, die in Behältern untergebracht sind

Wenn Sie die tiefste Zone nur mit Pflanzen besiedeln wollen, die in Behältern untergebracht sind, sollten Sie auf ein Bodensubstrat in diesem Bereich völlig verzich-

ten. Schon beim Bepflanzen der oberen Teichbereiche wird es sich kaum verhindern lassen, daß kleine Mengen von dem hier eingebrachten Erdreich nach unten rutschen. Auf natürliche Weise wird sich zudem in der Tiefenzone im Laufe der Jahre soviel biologisches Material ansammeln,

Kiesel auf dem Rand des Pflanzkorbes verhindern ein Aufschwimmen der Pflanze bzw. ein Ausspülen der Pflanzerde.

Seerosen sollten wegen ihrer wuchernden Wurzelrhizome bei kleineren Teichen in Pflanzkörbe gesetzt werden.

daß hier – kaum merklich aber doch fortschreitend – die Verflachung und Verlandung des Teiches beginnt.

Obwohl es dem Prinzip des Naturteiches widerspricht, wird man bei kleinen Anlagen, in denen man sich um eine natürliche Gestaltung bemüht, bei einigen Pflanzenarten auf Pflanzkörbe nicht verzichten können. Vor allem Seerosen mit ihren wuchernden Wurzelrhizomen, viele Seggenarten oder Rohrkolben können sich innerhalb eines Sommers derart ausbreiten, daß sie weite Bereiche des Teiches beherrschen und andere konkurrenzschwächere Pflanzenarten unterdrücken. Eine unvermeidliche Reduzierung ihrer Bestände bedeutet dann jedesmal auch einen radikalen Eingriff in das biologische Teichgeschehen. Zudem lassen sich Pflanzen, die in Körben untergebracht sind, problemlos an einer anderen Stelle des Teiches plazieren; das kann

etwa dann erforderlich sein, wenn sie sich an dem zuvor gewählten Platz nicht wohlfühlen.

Bevor man die Pflanze in den Behälter setzt, wird dieser zunächst mit Pflanzvlies oder einem Stück Sackleinen ausgeschlagen. Das Gewebestück sollte so groß sein, daß es sich später in der Korböffnung zusammendrücken läßt. Der Behälter wird halb mit Erde gefüllt (Lehm-Sand-Mischung wie der übrige Teichgrund). Die vorbereitete Pflanze (alle fauligen Gewebe- und Wurzelteile mit einem Messer entfernen; die Wurzeln ggf. etwas kürzen; alle Rhizome müssen waagerecht liegen) wird eingesetzt. Nun füllt man den Korb mit Erde auf und drückt sie fest. Das überstehende Gewebestück wird nach innen geschlagen; darauf kommen einige Kiesel, die ein Aufschwimmen der Pflanze bzw. das Ausschwemmen des Erdreichs verhindern. Der

Das Pfennigkraut ist eine raschwachsende Pflanze, die schnell das Gewebe von Böschungsmatten bzw. unschöne blanke Teichränder überwachsen kann.

Korb wird ausreichend gewässert und vorsichtig auf dem Teichboden plaziert.

Böschungsmatten

Das Bepflanzen von Steilufern ist meist nur mit Hilfe von Böschungsmatten möglich. Sie sind zwar ebensowenig eine Zierde wie blanke Folienränder, aber geschickt bepflanzt können sie an optischer Korrektur einiges bewirken und im Laufe der Zeit fast unsichtbar werden. Sie bestehen aus ähnlichen Materialien wie das in die Pflanzkörbe eingebrachte Gewebe und sind dann besonders vorteilhaft, wenn sie eingearbeitete Pflanztaschen haben. Die Böschungsmatten werden außerhalb des Teichrandes mit speziellen Befestigungshaken verankert (im Fachhandel erhältlich); ihr unteres Ende ragt ins Wasser. Die Pflanztaschen werden mit Pflanzerde gefüllt und durch ihre dehnbaren Maschen werden vorsichtig die Pflanzen eingesetzt. Das grobe Gewebe der Böschungsmatten läßt sich zum Teil mit Erdreich bedecken. Zudem sollte man bei dieser Art der Teichrandgestaltung geeignete Pflanzen auswählen, die durch ihr Wachstum schnell dafür sorgen, daß die häßliche Gewebestruktur überwuchert wird.

Fertigteiche

Kunststoff-Fertigteiche sind eine Alternative zum Folienteich.

Ihre Vorteile:

Sie sind sehr robust

Sie lassen sich schnell einbauen

Sie benötigen wenig Platz und lassen sich mit einer phantasievollen Verkleidung beinahe überall installieren

Ihre Nachteile:

Sie sind teuer

Sie sind in der Regel nicht tief genug

Sie lassen keine individuelle Gestaltung zu; man ist an ihre Form gebunden

Sie bereiten Probleme bei der Randgestaltung

Sie sind schwierig zu bepflanzen

Für die naturnahe Gestaltung eines Gartenteiches sind eigentlich nur Fertigbecken geeignet, die eine entsprechende Größe und einen damit verbundenen Tiefenbereich von mindestens 1 m haben. Neben

Ausgedehnte Sumpfzonen, wie hier mit einem üppigen Bestand an Sumpfdotterblumen, lassen sich nur in wenigen Fertigbecken anlegen.

flachen Uferpartien mit gewelltem Profil müssen auch die Übergänge zu den anderen Tiefenzonen in einem sanften Winkel verlaufen. Fertigteiche, die diese Anforderungen erfüllen, sind aber kaum als Einheit erhältlich, sondern werden aus Einzelelementen zusammengesetzt. Aus diesen sog. GFK-Teichbauelementen (aus glasfaserverstärktem Kunststoff) lassen sich dann Gartenteichanlagen in jeder beliebigen Größe konstruieren. Ihr Preis ist allerdings entsprechend.

Beim Einbau eines Fertigteiches wird zunächst das Becken an die ausgewählte Stelle transportiert, dann werden seine Umrisse mit einer Zugabe von 20 cm nach allen Seiten markiert. Nach dem Ausheben der Grube wird auf die Standfläche des Beckens eine Sandschicht aufgebracht. Die Aushubtiefe wird noch einmal überprüft, das Becken wird mit Richtlatte und Wasserwaage an der Oberkante eingepaßt. Jetzt füllt man das Becken zu einem Drittel mit Wasser und überprüft es noch einmal exakt auf seine Lage. Nun wird der Aushub an den Seiten eingebracht und unter ständigem Kontrollieren der Beckenlage verdichtet.

Teiche aus Naturmaterialien

Eigentlich ist es schade, daß heute nur wenige Gartenteiche mit Abdichtungsmaterialien wie Lehm oder Ton angelegt werden, denn erst mit ihnen hätte das Gewässer auch eine natürliche Grundlage. Große Teichanlagen im kommunalen Bereich oder in der Fischereiwirtschaft werden noch immer mit Ton gebaut; ihre Tonauflage ist dabei mitunter einen Meter dick. Obwohl man bei einem Gartenteich mit einer verdichteten Tonschichthöhe von etwa 30 cm auskommt, erfordert diese Methode erheblich mehr Bodenaushub als beim Folienteich. Um das Ufergefälle möglichst flach zu gestalten und letztlich die Mindesttiefe von 1 m zu erreichen, ist auch für die gesamte Teichanlage eine wesentlich größere Fläche erforderlich.

Lehm und Ton sind einander sehr ähnliche Materialien. Der Ton ist aber in der Regel homogener und geschmeidiger bei der Verarbeitung. Lehm kann vor allem dann Probleme bringen, wenn er mit Sand vermischt ist. Für den Teichbau empfiehlt sich also vor allem Ton. Zunächst muß darauf geachtet werden, daß der Bodengrund in der Lage ist, sich mit der aufgebrachten Tonschicht zu verbinden. Trockene Sandböden sind also als Basis für einen Tonteich ungeeignet. Der feuchte Ton wird mit einer Schichthöhe von 40 bis 50 cm aufgetragen und mit einem Stampfer so lange verdichtet, bis er konsistent erscheint und alle Risse verschwunden sind. Jetzt können die geglätteten Tonflächen noch mit einer Tonschlämme überzogen werden. Auf diese kommt eine Kiesschicht von etwa 20 cm, darauf das Pflanzsubstrat. Die Schichtaufla-

Große, kommunale Teichanlagen werden auch heute noch mit Ton oder verwandten Materialien gebaut.

gen des Kieses und des Pflanzsubstrates müssen natürlich beim Bodenaushub berücksichtigt werden.

Eine Alternative zum Ton als Rohmaterial sind industriell gefertigte Tonziegel, die schuppenartig verlegt und dann wiederum verdichtet werden (am besten mit einem Vibrationsrüttler). Bei der Verwendung der Tonziegel ist der Neigungswinkel beim Verlegen vorgegeben; er beträgt 18 Grad. Um eine Mindestwassertiefe von 1 m zu erreichen, müßte der Teich somit etwa eine Größe von 36 m^2 haben. Leider wird es nur wenige Gärten geben, in denen dieser Platz zur Verfügung steht.

Mini-Gewässer im Garten, auf der Terrasse und Balkon

Mancher Gartenteichliebhaber wird einfach aus Platzgründen auf seinen „Traumteich" im Garten verzichten müssen. Mit der Teichfolie als Abdichtungsmaterial lassen sich Kleinteiche aber nicht nur auf ebener Erde, sondern auch in Hanglage oder gar auf Hügeln errichten.

Fässer, Kübel, Steintröge oder sonstige Gefäße stehen oft ungenutzt im Schuppen oder Keller herum; richtig bepflanzt und an geeigneter Stelle auf der Terrasse, im Innenhof oder auf dem Balkon untergebracht, wird aus ihnen ein interessantes Kleingewässer. Solche Mini-Teiche sind zwar für die Tierwelt nicht besonders attraktiv, aber es gibt zumindest eine Reihe von Pflanzenarten, die sich hier wohlfühlen werden. Das könnten z. B. Zwergseerosen, Tannenwedel, Hechtkraut oder bei Behältern mit Sumpfboden und Niedrigwasserstand auch Blutweiderich, Sumpf-Storchschnabel, Sumpfdotterblume oder viele Iris-Arten sein.

Allgemein sollten die Behälter nicht ständig in der prallen Sonne stehen, weil sich das Wasser dann allzu stark erwärmt. Wer sich für tropische oder subtropische Pflanzenarten begeistert, kann sie auch mit Wasserhyazinthen, Papyrus o.ä. besetzen, die dann samt der Gefäße während des Winters im Haus untergebracht werden.

Diese Kleinteichanlage besteht aus zwei miteinander verbundenen Teilen. Sie wurde erhöht am Rand eines Reihenhausgartens angelegt.

35

Froschbiß und Wasserfrosch

Die Teichpflanzen

Iris laevigata

Pflanzen für die Sumpfzone

Die Pflanzen der Sumpfzone tragen in erheblichem Maße zur biologischen Selbstreinigung unseres Gartenteiches bei, zudem ist hier der Platz für viele besonders attraktive Arten. Bei ihrer Auswahl muß darauf geachtet werden, daß sie anpassungsfähig für wechselnde Wasserstände sind. Dieser Verlandungsbereich des Teiches wird nach starken Regenfällen überflutet oder während längerer Trockenperioden nur stark durchfeuchtet sein.

Pflanzen für den Sumpf- und Uferbereich

Deutscher Name/ Botanischer Name	Standort/ Wassertiefe	Blütezeit/ Farbe	Besonderes
Amerikanische Sumpfiris *Iris versicolor*	sonnig 0 – 5 cm	VI – VII	Höhe bis 70 cm
Asiatische Scheinkalla *Lysichiton camtschatcensis*	halbschattig 0 – 3 cm	IV – V weiß	Höhe bis 80 cm
Ästiger Igelkolben *Sparganium erectum*	sonnig/ halbschattig 0 – 20 cm	VI – VIII weiß/grün	neigt zum Wuchern, evtl. in Pflanzkorb setzen
Bach-Ehrenpreis *Veronica beccabunga*	sonnig/ halbschattig 0 – 5 cm	VI – VIII blau	bodenbedeckende Pflanze, die im Uferbereich über unschöne Teichränder wachsen kann
Blutweiderich *Lythrum salicaria*	sonnig/ halbschattig 0 – 20 cm	VI – VIII purpurrot	Höhe bis 150 cm
Blutwurz *Potentilla erecta*	sonnig 0 cm	VI – VII gelb	ideale Pflanze auch für das Gartenmoor
Echte Sumpfwurz *Epipactis palustris*	sonnig/ halbschattig 0 cm	VI – VII weiß	Orchideengewächs/ selten, streng geschützt/ aus Nachzucht erhältlich/ ideale Pflanze auch für das Gartenmoor
Europäische Bunge *Samolus velerandi*	sonnig/ halbschattig 0 – 1 cm	VII – VIII weiß	
Gelbe Gauklerblume *Mimulus luteus*	sonnig 0 – 10 cm	VI – VIII gelb	langblühende Pflanze, die sich durch Selbstaussaat stark verbreitet
Gemeiner Froschlöffel *Alisma plantago-aquatica*	sonnig 0 – 20 cm	V – VIII weiß	wird im Flachwasser höher (bis 80 cm) als im Feuchtbodenstandort
Gemeiner Wassernabel *Hydrocotyle vulgaris*	sonnig 0 – 10 cm	VI – VIII weiß/rosa	
Gemeines Schilf *Phragmites australis*	sonnig/ halbschattig 0 – 30 cm	VII – IX rötlich-grün	Höhe bis 2 m/ bietet an größeren Gartenteichen vielen Tierarten geeignete Lebensräume

Deutscher Name/ Botanischer Name	Standort/ Wassertiefe	Blütezeit/ Farbe	Besonderes
Gestreifte Bletille *Bletilla striata*	sonnig/ halbschattig 0 cm	V – VI rosa/rot	Orchideengewächs/ Heimat: China/Japan
Japanische Sumpfiris *Iris kaemperi*	sonnig 0 – 5 cm	VI – VII blau	Höhe bis 70 cm
Kuckucks-Lichtnelke *Lychnisflos cuculi*	sonnig/ halbschattig 0 cm	III – V rosa	auch für etwas trockenere Randbereiche eines Gartenmoores geeignet
Lobelia sessilifolia	sonnig 0 – 3 cm	VI – VII blau	Höhe bis 60 cm/ mag keine kalkhaltigen Böden
Lungenenzian *Gentiana pneumonanthe*	sonnig 0 – 10 cm	VII – IX dunkelblau	Charakterpflanze von Mooren und Moorwiesen/ gedeiht auch im Gartenmoor
Mädesüß *Filipendula ulmaria*	sonnig/ halbschattig 0 – 3 cm	VI – VIII weiß	Hochstaude (bis 150 cm)
Pfennigkraut *Lysimachina nummularia*	sonnig/ halbschattig 0 – 1 cm	V – VII gelb	rasch wachsende Pflanze, die größere Flächen, aber auch unschöne Teichränder bedecken kann
Schildblatt *Darmera peltata*	halbschattig 0 cm	IV – V weiß	Höhe bis 130 cm
Sumpfblutauge *Comarum palustre*	sonnig 0 – 20 cm	VI – VIII rot	Naturstandort: Hoch- und Niedermoor/ wächst problemlos auch im Gartenmoor
Sumpfdotterblume *Caltha palustris*	sonnig/ halbschattig 0 – 10 cm	IV – V gelb	
Sumpflöffelchen *Ludwigia palustris*	sonnig 0 – 5 cm	VI – VII	Polsterstaude, die sich rasch ausbreitet/ zum Bedecken unschöner Teichränder geeignet

Im Frühsommer zeigen die Wollgräser ihre weiße Blütenpracht.

Lungenenzian

Blutweiderich

Wiesenknöterich

Die Gauklerblume kommt als gelbe und getüp-
felte Art vor. Ihren Namen erhielt sie durch die
Vielfalt der Muster und Farben ihrer Blüten.

Tragödie am Teichrand: In der Blüte einer Was-
ser-Schwertlilie hat sich eine Krabbenspinne perfekt der Blütenfarbe angepaßt und einen Falter
erbeutet.

Der Wiesen-Storchschnabel unterscheidet sich
vom Sumpf-Storchschnabel vor allem durch seine blau-violette Blütenfarbe. Fruchtknoten und
Griffel wachsen nach dem Verblühen der Pflanze
schnabelartig heraus – ein besonderes Merkmal
aller Storchschnabel-Arten.

Iris versicolor

Iris kaempferi

Deutscher Name/ Botanischer Name	Standort/ Wassertiefe	Blütezeit/ Farbe	Besonderes
Sumpfschachtelhalm *Equisetum palustre*	sonnig 0 – 30 cm	VII – VIII	verbreitet sich stark/ für kleinere Teiche wenig geeignet
Sumpf-Storchschnabel *Geranium palustre*	halbschattig 0 – 2 cm	V – VIII rotviolett	
Sumpf-Vergißmeinnicht *Myosotis palustris*	sonnig/ halbschattig 0 – 5 cm	VI – IX blau	
Wasserdost *Eupatorium cannabium*	sonnig/ halbschattig 0 cm	VII – IX rot	Hochstaude (bis 150 cm)
Wasser-Schwertlilie *Iris pseudacorus*	sonnig/ halbschattig 0 – 20 cm	V – VI gelb	gedeiht auch am immerfeuchten Teichrand in mit Kompost versetzter, schwerer Gartenerde
Wechselblättriges Milzkraut *Chrysoplenium alternifolium*	sonnig/ halbschattig 0 – 2 cm	III – V gelb	
Wiesenknöterich *Pollygonum bistorta*	sonnig/ halbschattig 0 – 10 cm	V – VII rosa	
Schmalblättriges Wollgras *Eriphorum angustifolium*	sonnig 0 – 10 cm	IV – VII weiß	Naturstandort: Moor/ wächst problemlos auch im Gartenmoor
Zwergbinse *Juncus ensifolius*	sonnig/ halbschattig 0 – 15 cm	VII – VIII schwarzbraun	

Lobelia sessifolia

Sumpf-Vergißmeinnicht

Pflanzen für den Flachwasserbereich

Deutscher Name/ Botanischer Name	Standort/ Wassertiefe	Blütezeit/ Farbe	Besonderes
Breitblättriger Rohrkolben *Typha latifolia*	sonnig bis 30 cm	VII – VIII braun	
Goldkolben *Orontium aquaticum*	sonnig 20 – 50 cm	V – VI gelb	
Hechtkraut *Pontederia cordata*	sonnig/ halbschattig bis 30 cm	VII – IX blau/violett	
Kalmus *Acorus calamus*	sonnig bis 30 cm	VII – VIII grün	
Kleefarn *Marsilia quadrifolia*	sonnig 10 – 20 cm		
Krebsschere *Stratiotes aloides*	sonnig/ halbschattig 30 – 80 cm	V – VII weiß	verwurzelt sich im Flachwasserbereich, sonst freitreibend
Pfeilkraut *Sagittaria sagittifolia*	sonnig/ halbschattig bis 30 cm	VI – VII weiß	bildet an geeigneten Standorten wuchernde Bestände
Scheinzyperngras-Segge *Carex pseudocyperus*	sonnig/ halbschattig bis 10 cm	VI grün, unscheinbar	
Schmalblättriger Rohrkolben *Typha angustifolia*	sonnig bis 40 cm	VII – VIII braun	
Tannenwedel *Hippuris vulgaris*	sonnig 10 – 30 cm	V – VI grün, unscheinbar	
Teichsimse, Seesimse *Scirpus lacustris*	sonnig bis schattig 10 – 30 cm	VIII – IX schwarzbraun	
Zungenhahnenfuß *Ranunculus lingua*	sonnig/ halbschattig bis 40 cm	VI – VIII gelb	die Pflanze ist giftig

Tannenwedel

Breitblättriger Rohrkolben

43

Schwimm- und Schwimmblattpflanzen für die Tiefwasserzone

Deutscher Name/ Botanischer Name	Standort/ Wassertiefe	Blütezeit/ Farbe	Besonderes
Bucklige Wasserlinse *Lemna gibba*	sonnig/ halbschattig bis 50 cm	IV – V Blüte unscheinbar	Wasserlinsen sind die kleinsten bekannten Blütenpflanzen/ im Gartenteich kann es zu einer derart üppigen Verbreitung von Wasserlinsen kommen, daß die Pflanze lästig wird
Gelbe Teichrose *Nuphar lutea*	sonnig/ halbschattig 50 – 200 cm	V – VII gelb	
Gemeine Seekanne *Nymphoides peltata*	sonnig 20 – 100 cm	VI – IX gelb	geschützte Art, selten
Gewöhnlicher Froschbiß *Hydrocharis morsus-ranae*	sonnig bis 50 cm	VI – VIII weiß	
Kleine Wasserlinse *Lemna minor*	sonnig/ halbschattig bis 50 cm	IV – V Blüte unscheinbar	(s. *Lemna gibba*)
Schwimmender Büschelfarn *Salvinia natans*	sonnig bis 50 cm		
Schwimmendes Laichkraut *Potamogeton natans*	sonnig/ halbschattig ab 40 cm	VI – VIII grün	
Wasserknöterich *Polygonum amphibium*	sonnig 30 – 100 cm	VI – IX rosa	gedeiht auch im Flachwasserbereich
Wassernuß *Trapa natans*	sonnig 40 – 100 cm	VII – VIII weiß	
Weiße Seerose *Nymphaea alba*	sonnig 30 – 100 cm	VI – IX weiß	Seerosen gehören zu den schönsten Wasserpflanzen; sie sind heute in vielen Zuchtformen und Farben erhältlich
Zwergteichrose *Nuphar pumila*	sonnig/ halbschattig 20 – 100 cm	VI – VII gelb	

Seerosen werden heute für Gartenteiche in vielen prachtvollen Formen und Farben angeboten.

Gelbe Teichrose

Wassernuß

Die Blätter von Seerosen werden von Azurjungfern zur Eiablage aufgesucht.

Gemeine Seekanne

Wasserknöterich

Untergetaucht lebende Wasserpflanzen (aquatische Arten)

Obwohl diese Pflanzen für viele Gartenteichfreunde nur eine untergeordnete Rolle spielen, weil sie nicht die Blütenpracht vieler Sumpf- und Schwimmblattpflanzen zeigen, ist ihre ökologische Funktion von großer Wichtigkeit.
Sie sind gleichermaßen Nährstoffverbraucher und Sauerstofflieferanten.
Unterwasserpflanzen hemmen den Algenwuchs; sie sind die biologische Filtrier- und Kläranlage eines Gewässers, weil sich an ihren Blättern Schwebstoffe sammeln und dort festgehalten werden.

Deutscher Name/ Botanischer Name	Standort/ Wassertiefe	Blütezeit/ Farbe	Besonderes
Dichtes Laichkraut *Patamogeton densus*	sonnig 20 – 50 cm	VI – VIII Blüte unscheinbar	
Dreifurchige Wasserlinse *Lemna trisulca*	sonnig/ halbschattig 10 – 20 cm	V – VI Blüte unscheinbar	
Gemeiner Wasserstern *Callitriche palustris*	sonnig bis schattig 5 – 40 cm	V – IX	auch für den Schattenteich geeignet/ bleibt im Winter grün
Gewöhnlicher Wasserschlauch *Utricularia vulgaris*	sonnig/ halbschattig 30 – 50 cm	VI – VIII gelb	Karnivoren-Art; winzige Wasserinsekten werden durch Fangbläschen erbeutet
Gewöhnliches Brachsenkraut *Isoëtes lacustris*	sonnig/ halbschattig 30 – 50 cm	VII – VIII	geschützte Art, selten
Gewöhnliches Quellmoos *Fontinalis antipyretica*	sonnig 30 – 50 cm		
Kanadische Wasserpest *Elodea canadensis*	sonnig/ halbschattig 20 – 80 cm	VII – VIII hellrosa/weiß	
Kleines Laichkraut *Potamogeton pusillus*	sonnig 20 – 40 cm	VII – VIII	
Krauses Laichkraut *Potamogeton crispus*	sonnig 30 – 80 cm	VI – VIII	

Deutscher Name/ Botanischer Name	Standort/ Wassertiefe	Blütezeit/ Farbe	Besonderes
Rauhes Hornblatt *Ceratophyllum demersum*	sonnig/ halbschattig bis 150 cm	VI – IX Blüte unscheinbar, untergetaucht	
Wasser-Dickblatt *Crassula aquatica*	sonnig bis 30 cm	VII – VIII weiß	seltene Art, die auch auf dem Land leben kann
Wasserfeer *Hottonia palustris*	sonnig 15 – 30 cm	V – VI hellrosa/weiß	geschützte Art, selten/ bleibt auch im Winter grün
Wasser-Hahnenfuß *Ranunculus aquatilis*	sonnig/ halbschattig 5 – 20 cm	VI – VIII weiß	neigt zum Wuchern, kann in kleinen Teichen lästig werden
Wirtelförmige Grundnessel *Hydrilla verticillata*	sonnig/ halbschattig 20 – 100 cm	VII – VIII Blüte unscheinbar	raschwüchsige Art

Wasser-Hahnenfuß

Pflanzen für den Teichrand

Deutscher Name/ Botanischer Name	Standort	Blütezeit/ Farbe	Wuchs- höhe cm	Besonderes
Blaue Lupine *Lupinus angustifolius*	sonnig	VI – VIII blau	bis 80	braucht sandige Standorte
Dunkles Lungenkraut *Pulmonaria obscura*	sonnig/ halbschattig	III – V rot/blauviolett	bis 35	
Färber-Ginster *Genista tinctoria*	sonnig	VI – IX gelb	bis 100	
Frauenmantel *Alchemilia vulgaris*	sonnig/ halbschattig	VI – VIII gelblich	bis 40	
Gamander-Ehrenpreis *Veronica chamaedrys*	sonnig/ halbschattig	V – VIII blau	bis 40	
Geißbart *Aruncus silvester*	sonnig/ halbschattig	VI – VII weiß	bis 120	
Gewöhnl. Gilbweiderich *Lysimachia vulgaris*	sonnig/ halbschattig feucht	VI – VIII gelb	bis 150	
Herkulesstaude *Heracleum mantegazzianum*	sonnig/ halbschattig	VI – VII weiß	bis 200	großblättrige Pflanze, die als Schattenspender an starkbesonnten Teichen dienen kann
Himmelsschlüssel *Primula veris elatior*	sonnig/ halbschattig feucht	IV – VI gelb	bis 25	
Hirschzungenfarn *Phyllitis scolopendrium*	schattig		30 – 40	
Hundsveilchen *Viola canina*	sonnig/ halbschattig feucht	IV – VI blauviolett	5 – 15	
Kleinblütige Königskerze *Verbascum thapus*	sonnig	VII – IX gelb	bis 180	

Ein Pinselkäfer auf der Blüte des Natternkopfes.

Mit ihrer Blüten- und Farbenvielfalt, die sie schon im Frühjahr zeigen, gehören die Primel-Arten zu den beliebtesten Pflanzen am feuchten Randbereich des Teiches.

Gamander-Ehrenpreis

Blaue Lupine

Roter Fingerhut

Farne sind urweltliche Gewächse. Bei den meisten Arten sind die für die Vermehrung wichtigen Sporen auf der Blattunterseite zu finden.

In der Ginsterblüte lauert eine Krabbenspinne auf nektarsuchende Insekten.

Ruhender Bläuling an der Blüte einer Glockenblume.

Deutscher Name/ Botanischer Name	Standort	Blütezeit/ Farbe	Wuchs- höhe cm	Besonderes
Kriechender Günsel *Ajuga reptans*	sonnig/ halbschattig feucht	IV – VII blau	15 – 30	an geeigneten Standorten starke Verbreitung
Kugelprimel *Primula denticulata*	sonnig/ halbschattig feucht	III – IV weiß/rosa/blau	10 – 20	
Natternkopf *Echium vulgare*	sonnig	V – X rot/blau	bis 100	kann sehr trocken stehen
Pfeifengras *Molinia coerulea*	sonnig	IX – X rötlich	bis 120	
Rauhhaariges Weidenröschen *Epilobium hirsutum*	sonnig feucht	VI – IX rot	100 – 120	
Rote Lichtnelke *Silene diocia*	sonnig/ halbschattig	IV – IX rosa	bis 90	
Roter Fingerhut *Digitalis purpurea*	sonnig/halbschattig	VI – VIII rot	bis 150	
Rundblättrige Glockenblume *Campanula rotundifolia*	sonnig	VI – IX blau	bis 50	kann sehr trocken stehen
Schmalblättriges Weidenröschen *Epilobium angustifolium*	sonnig	VI – IX rot	bis 180	besonders attraktiv in großen Beständen
Schwarzviolette Akelei *Aquilegia atrata*	sonnig/ halbschattig feucht	V – VI violett	30 - 70	
Sibirische Schwertlilie *Iris sibirica*	sonnig/ halbschattig feucht	V – VI blau	60 – 80	
Wald-Frauenfarn *Athyrium filix-femina*	halbschattig		bis 100	
Wald-Vergißmeinnicht *Myosotis sylvatica*	sonnig/ halbschattig	V – VII blau	bis 40	
Wiesen-Storchschnabel *Geranium pratense*	sonnig/ halbschattig	VI – VII blau	50 – 60	

Tropische und subtropische Wasserpflanzen für den Gartenteich

Eigentlich haben diese Pflanzen im naturnahen Gartenteich nichts zu suchen, andererseits wird es viele Pflanzenliebhaber geben, die von ihren ungewöhnlichen Formen und ihrer Blütenpracht begeistert sind. Da sie ohnehin nur „Sommergäste" in unserem Gartenteich sein können, sollte man sie nie in den Bodengrund setzen, sondern in Pflanzbehältern unterbringen. Zudem dürfen sie im Teich nicht dominieren, und leider blühen diese sonnen- und wärmehungrigen „Exoten" in unseren klimatischen Verhältnissen nur selten.

Im Winter brauchen sie einen frostsicheren und nicht zu dunklen Platz im Haus (etwa 10° bis 15° C), an dem man den Pflanzkorb in ein größeres, wassergefülltes Gefäß stellt. Freischwimmende Arten, wie die Wasserhyazinthe *Eichhornia crassipes,* werden unter ähnlichen Temperatur- und Lichtbedingungen in wassergefüllten Schalen überwintert.

In tropischen Gewässern wird die Muschelblume oft als lästiges Unkraut angesehen. Sie kann während des Sommers frei im Gartenteich treiben; in flachen Randbereichen wird sie einwurzeln und bildet dann in warmen Perioden rasch dichte Bestände.

Die Wasserhyazinthe ist in den Gewässern des tropischen Amerika weit verbreitet. Sie hat hellviolette Blüten, die sich in unseren Gartenteichen aber nur selten entwickeln.

Exotische Schönheiten, wie diese tropische Seerose, brauchen viel Licht und Wärme zum Gedeihen.

Regnellidium diphyllum – Schwimmblattpflanze aus Brasilien.

Amphibien

Künstliche Ansiedlung
endet oft mit dem Tod

Verständlicherweise wünschen sich viele Natur- und Gartenteichliebhaber einen Teich, der all die Elemente an Schönheit und natürlicher Vielfalt enthält, die uns irgendwo draußen am Wasser schon einmal begegnet sind: Frösche, die sich auf Seerosenblättern sonnen, muntere Fische und das ganze Spektrum üppig wuchernder Wasser- und Sumpfpflanzen, die uns mit ihrem Blütenzauber erfreuen, gehören hier ebenso zu unseren Vorstellungen, wie das bunte Szenarium schwirrender Libellen und anderer Wasserinsekten. Solche Träume lassen sich an größeren Gartentei-

chen, die in ländlichen Gegenden liegen und Anschluß an die von außen herangetragenen Naturabläufe finden, durchaus verwirklichen. Aber in vielen Fällen zwingen uns allein die Lage in dichtbebauten Wohngebieten und eine begrenzte Grundstücksfläche schon bei der Planung zu unliebsamen Kompromissen.

Schätzungen zufolge gibt es in Deutschland über 1 Million Gartenteichbesitzer; ihre Zahl steigt stetig. Ganze Industriezweige, Gartencenter, Bau- und Hobbymärkte haben sich auf ihre Bedürfnisse und Wünsche eingestellt, und nicht jeder Ratschlag, der oft mit der von ihnen angebotenen Ware mitgeliefert wird, ist geprägt von Verantwortung gegenüber der immer wieder zitierten in Not befindlichen Natur und Krea-

Das Auge eines Wasserfrosches.

Grasfrösche

tur. Dabei bedürfen Frösche und Kröten (ebenso alle anderen Amphibienarten), oft als Symboltiere für intakte Feuchtbiotope im Garten hingestellt, einer besonderen Erwähnung. Die Betrachtung ihrer Lebensweise sol uns Aufschluß geben, ob es empfehlenswert ist, sie in unseren Gartenteichen anzusiedeln.

Aus dem Leben des Grasfrosches *Rana temporaria* in freier Natur

Bereits in den ersten warmen Vorfrühlingstagen legen die Grasfroschweibchen in ihrem angestammten Laichgewässer (oft kleine Wald- und Wiesentümpel) ihre Eier ab, die von den Männchen befruchtet werden. Danach machen sie sich auf den Weg in ihre Sommerquartiere, die mitunter weit entfernt in feuchten Waldregionen oder den Uferbereichen von Wiesengräben liegen. Im Herbst kehren sie zu ihrem Heimatgewässer zurück. Hier überwintern sie im schlammigen Teichgrund, wobei sie den zum Leben notwendigen Sauerstoff jetzt nur noch über ihre Haut aufnehmen.

Aus dem im Frühjahr abgelegten Laich entwickeln sich in kurzer Zeit die Quappen. Sie verlassen nach etwa einem Vierteljahr (noch während ihrer Metamorphose) ihre Heimatgewässer, um in einem nahegelegenen Nachbargewässer ihre Entwicklung abzuschließen. Nach etwa drei Jahren kehren sie als geschlechtsreife Tiere zu ihrem Stammgewässer zurück. (Befindet sich ein solches Nachbargewässer in der Nähe unseres Gartenteiches? Geraten die Tiere bei ihrer Wanderung nicht in die Gefahr, überfahren oder zertreten zu werden?).

Erdkröten bei der Paarung.

Aus dem Leben der Erdkröte Bufo bufo in freier Natur

Erdkröten suchen zur Laichzeit instinktiv die gleichen Gewässer zur Eiablage auf, in denen sie schon als Larven gelebt haben. Wir alle kennen auch diese, aus dem Wandertrieb der Kröten resultierende Problematik, die vielen von ihnen beim Überqueren von Straßen im Frühjahr den Tod bringt.

Zudem stehen alle in Europa vorkommenden Amphibien (Frösche, Kröten, Unken, Molche, Salamander) unter strengem Naturschutz. Sie aus der Natur zu entnehmen ist also ebenso verboten, wie ihr Erwerb aus irgendwelchen Nachzuchten. Das gleiche gilt für die glitzernden Laichballen der

Grasfrösche oder die Laichschnüre der Erdkröten, die wir vielleicht im Frühjahr in einem Tümpel am Waldrand entdecken. Wir sollten sie lassen, wo sie sind! Denn wer sie in seinen Gartenteich einbringt, mißachtet damit nicht nur ein Gesetz, das dem Schutz unserer Amphibien dient. Er macht sich in vielen Fällen schuldig am späteren Tod der Tiere, die sich aus diesem Laich entwickeln.

Betrachten Sie also einmal das Grundstück, auf dem sich Ihr Gartenteich befindet, und betrachten Sie das Umland in Ihrer weiteren Nachbarschaft. Haben Amphibien hier die Chance, entsprechende Sommerquartiere, Verstecke und ausreichend Nahrung zu finden? Überlegen Sie auch, ob Sie sie in Ihrem Teich überhaupt haben möchten. Gewiß, vor allem Wasserfrösche sind natürlich eine Zierde für jede selbstgeschaffene Teichanlage. Aber sie benutzen, speziell im Jugendstadium, auch die weitere Uferregion des Teiches zur Nahrungssuche. Wir könnten sie unbeabsichtigt zertreten, unser Rasenmäher könnte sie zerstückeln, unsere Katze könnte ihnen nachstellen, unser Nachbar könnte sich durch ihr Gequake gestört fühlen . . .

Sehen wir uns zudem einmal ein Grasfrosch, Erdkröten- oder Molchbiotop in der freien Natur an. Wir werden die Tiere in Revieren finden, die unserem menschlichen Geschmacksempfinden wenig schmeicheln: Flache, meist schlammige Tümpel, die sich in Wäldern oder verwilderten Parks auf Lehm- oder Tonböden gebildet haben. Auch ein noch so liebevoll angelegter und für unsere Begriffe einladender Gartenteich stellt also für Amphibien nicht zwangsläufig eine Verlockung dar.

Wenn Sie aber in naturnaher Umgebung wohnen, aus der die Zuwanderung von Amphibien an Ihren Teich erwartet werden kann, sollten Sie diese Gegebenheit bei der Anlage des Gewässers unbedingt berücksichtigen. Der tiefste Teil des Teiches sollte dann wiederum wenigstens 100 cm betragen. Dieser Tiefenbereich ist die Grundvoraussetzung dafür, daß Amphibienarten, die

Laichballen des Grasfrosches.

Dieser Teich fügt sich harmonisch in den Garten ein. Als dauerhaftes Amphibienreservat ist er aber kaum geeignet.

sich angesiedelt haben und am Teichboden überwintern wollen, auch strenge Fröste überleben werden. Unter einer geschlossenen Eisdecke verringert sich der Sauerstoff-

Laubfrosch

gehalt des Wassers erheblich, und der entscheidende Unterschied zwischen einem Teich in der freien Natur und einem Gartenteich, bei dem es sich in der Regel um einen Folien- oder Fertigteich handeln wird, liegt hier in der Abdichtung gegen den Untergrund. Folien oder Plastikwannen verhindern eine Verbindung zum Grundwasser, das in der freien Natur selbst in sehr flachen Tümpeln zumindest eine zeitweilige Durchspülung mit frischem, sauerstoffhaltigem Wasser garantiert. Die Durchspülung mit Grundwasser sorgt im Naturgewässer auch dafür, daß fäulnisfördernde und Faulgase bildende Substanzen hier abgeschwemmt werden, während sie im Gartenteich zum großen Teil verbleiben. Um die Wasserqualität unseres Teiches zu verbessern und sein Verlanden zu verhindern, wird es also unumgänglich sein, im Herbst abgestorbene Pflanzen, Blätter und Faulschlamm zu entfernen. Sie müssen jedoch sorgsam nach Libellenlarven, Schnecken und anderen Lebewesen abgesucht werden, die wir dann in den Teich zurücksetzen. Keinesfalls darf die gesamte Schlammschicht am Boden ausgeräumt werden! Sie ist nicht nur eine wichtige Grundlage für das Überleben der Amphibien, sondern auch vieler anderer Organismen. Vertrocknete Stengel von Binsen, Schilf oder Rohrkolben sollte man ebenfalls nur zum Teil entfernen. Bei einer geschlossenen Eisdecke wirken sie im Winter wie eine kleine Röhre, durch die Fäulnisgase nach oben entweichen können und gleichzeitig die Sauerstoffanreicherung des Wassers auf natürliche Weise begünstigt wird.

Ein Teich ohne Fische?

Fische können einen Gartenteich sichtbar beleben, doch sie verursachen vielfach auch eine Reihe von Problemen. Ein falscher Fischbesatz kann das ökologische Gleichgewicht eines Teiches sogar völlig durcheinanderbringen. In einen kleinen Gartenteich, in dem eine naturnahe Entwicklung der Tier- und Pflanzenwelt angestrebt wird, sollten deshalb grundsätzlich keine Fische eingesetzt werden.

Fische zählen in der Regel zu den gefräßigsten Feinden von Krebstieren, Wasserinsekten und deren Larven sowie der Brut der Amphibien. Wer also den beeindruckenden Schlupfvorgang einer schillernden Libelle an seinem kleinen Feuchtbiotop erleben möchte, muß Fische aus ihm fernhalten. Wie wichtig es ist, eine vielfältige Lebewelt im Teich zu erhalten, kann z.B. daraus ersichtlich werden, daß Libellenlarven vornehmlich die Larven der Gemeinen Stechmücke *Culex pipiens* fressen, und auf diese Plagegeister wollen wir sicher gern verzichten. Würde man nun die Fische füttern, um sie von den Libellenlarven fernzuhalten, gelangten mit den unverbrauchten Futterresten sowie den Exkrementen der Fische unverträglich viele Nährstoffe ins Teichwasser. Ein überhöhtes

Schleierschwänze

Nährstoffaufkommen ist aber bekanntlich einer der Hauptgründe für viele Teichprobleme. Beispiele derartiger Wechselwirkungen mit ihren unliebsamen Folgen ließen sich noch viele anführen. Damit soll aber nicht grundsätzlich von einem Fischbesatz in Gartenteichen abgeraten werden. Ihr Einbringen erfordert jedoch die Orientierung an ihren Lebensansprüchen und Verhaltensweisen in Verbindung mit der individuellen Teichanlage.

Fische, die in der Regel gefüttert werden müssen, wie die farbenprächtigen und beliebten Goldfische, Goldorfen oder Koi-Karpfen, sollten aber grundsätzlich in einem Zierteich oder speziellen Goldfischteich gehalten werden, in dem eine künstliche Filterung und Belüftung des Wasser erfolgt.

Bei einem größeren, naturnah angelegten Gartenteich kann der Besatz mit einer kleineren Anzahl einheimischer Fische erwogen werden. Ihr Einbringen sollte dann frühestens ein Jahr nach der Fertigstellung des Teiches erfolgen, wenn die natürliche Ent-

Viele Fischarten sind gefräßige Räuber, die selbst die Larven der großen Mosaikjungfern Aeshna erbeuten.

Koi eignen sich nicht zum Besatz im naturnahen Gartenteich.

wicklung des Gewässers bereits in vollem Gange ist. Ein Füttern der Fische ist aber auch hier zu vermeiden. Es würde nicht nur die Nährstoffzufuhr fördern, sondern widerspräche auch den Regeln der Natur. Je mehr Futter den Fischen zur Verfügung steht, um so rascher vermehren sie sich und erlangen so ein Ungleichgewicht gegenüber den anderen Teichbewohnern. Der Teich muß also mit seinen Organismen in der Lage sein, die Fische zu ernähren. Nach diesem Nahrungsangebot wird sich ihr Bestand von selbst erweitern oder dezimieren.

Unerfahrenen Gartenteichfreunden werden im Fachhandel oft Fischarten empfohlen, die sich durch interessante Besonderheiten hervorheben. Zu ihnen gehört der Dreistachelige Stichling *Gasterosteus aculeatus*. Er ist beliebt wegen seiner prachtvollen Balzfärbung, seinem kunstvollen Nestbau und letztlich auch wegen seiner geringen Größe. Während der Laichzeit zeigt er sich jedoch als äußerst aggressiver Räuber, der als Schwarmjäger Kaulquappen, Libellenlarven oder andere Fische erbeutet. Auch wenn sein Besatz im Gartenteich mit nur wenigen Exemplaren empfohlen wird, läßt sich sein wachsender Bestand später kaum mehr kontrollieren.

Nach persönlichen Erfahrungen und denen anderer Gartenteichfreunde erscheint mir für den Teichbesatz vor allem ein heimischer Kleinfisch besonders gut geeignet: Das Moderlieschen *Leucaspius delineatus*. Es ist ein Fisch, der Ihnen die wenigsten Probleme bereiten wird und ist zudem sehr schön gefärbt und quicklebendig. Er lebt friedlich in kleinen Schwärmen und behelligt weder die Eier von Amphibien noch Libellenlarven.

Einheimische Fischarten, die sich zum Besatz im naturnahen Gartenteich eignen:

Moderlieschen *Leucaspius delineatus*

Länge:	9 – 12 cm
Nahrung:	weiche Pflanzenteile, Kleinlebewesen aller Art
Natürlicher Lebensraum:	stehende oder langsam fließende Gewässer mit dichter Ufervegetation
Besonderes:	Schwarmfisch, etwa 10 Tiere im Gartenteich einsetzen

Ukelei *Alburnus alburnus*

Länge:	bis 18 cm
Nahrung:	Plankton, Würmer, Kleinkrebse, Insektenlarven
Natürlicher Lebensraum:	Uferbereiche stehender oder langsam fließender Gewässer
Besonderes:	Schwarmfisch, etwa 8 Tiere im Gartenteich einsetzen Sauerstoffreiches, klares Wasser wird bevorzugt

Elritze *Phoxinus phoxinus*

Länge:	10 – 14 cm
Nahrung:	Fluginsekten, Insektenlarven, Kleinkrebse
Natürlicher Lebensraum:	kühle, saubere Fließgewässer und Seen mit kiesigem Bodengrund, meist in Gebirgslagen
Besonderes:	Schwarmfisch, etwa 10 Tiere im Gartenteich einsetzen Sauerstoffreiches, kühles Wasser wird bevorzugt

(Moderlieschen und Elritzen gehören zu den gefährdeten Tierarten. Sie dürfen, wie alle Fische für den Gartenteich, nur aus Nachzuchten im Fachhandel erworben werden.)

Libellen

Vom plumpen Lauerjäger am Gewässergrund zum filigranen Fluginsekt

Schon vor etwa 300 Millionen Jahren flatterten Riesenlibellen mit einer Flügelspannweite von 60 cm über den Siegel- und Schuppenbäumen der Karbonzeit. Auch aus dem späteren Jura, dem Zeitalter der Saurier, sind zahlreiche Versteinerungen von Libellen erhalten, die nun schon in Körpergröße und -form unseren heutigen Libellen sehr ähnlich waren. Somit scheinen sich die Libellen in den letzten 150 Millionen Jahren nur noch unwesentlich verändert zu haben. Diese langen Zeiträume haben auch ihre Verhaltensweisen

und Bindungen an bestimmte Gewässertypen geprägt und scheinbar so gefestigt, daß es den meisten Libellenarten nicht gelingt, sich in einer vom Menschen beanspruchten und veränderten Landschaft zurechtzufinden. Über die Hälfte unserer etwa 80 einheimischen Libellenarten sind heute durch die Verschmutzung und Vernichtung ihrer angestammten Gewässer in ihrem Fortbestand bedroht, verschollen oder ausgestorben.

Libellen besiedeln die unterschiedlichsten Feuchtgebiete: Bäche und Flüsse, Seen, Teiche, Tümpel und Moorgewässer. Dabei stellen sie besondere Ansprüche an jeden Gewässertyp, seine Vegetation, seine Wasserqualität, bei der für sie Faktoren wie Säuregrad, Sauerstoffgehalt oder Fließge-

Portrait einer Vierfleck-Libelle.

Azurjungfer

schwindigkeit eine große Rolle spielen. Dasselbe gilt für ihre Larven, aus denen alle Libellen schlüpfen. Die Verwandlung (Metamorphose) der Libellenlarve zum schillernden Fluginsekt ist ein beeindruckender Naturvorgang. Bis zu fünf Jahren dauert die Entwicklung der Larve; sie lebt als häßlicher Lauerjäger am Gewässergrund, ehe sie an einem Schilfblatt oder Ästchen über die Wasseroberfläche klimmt. Jetzt beginnt die eigentliche Geburt der Libelle. Sie durchstößt die enge Larvenhaut und entwickelt sich in kurzer Zeit zur dreifachen Größe ihrer früheren Gestalt. Sonne und Wind härten ihren Körper und ihre Flügel. Ihr mattes, milchiges Aussehen verändert sich zu strahlendem Glanz. Von nun an bestimmen die Jagd nach Beute und die beständige Suche nach paarungswilligen Partnern ihr Leben.

Großlibellen (Anisoptera-Arten) können im Flug wie Kolibris in der Luft stehen, rück- und seitwärts fliegen und bei ihren rasanten Jagden oder Fluchten Geschwindigkeiten bis zu 50 km/h erreichen. Dabei ermöglichen ihnen zwei riesige Komplexaugen, die aus bis zu 30 000 wabenartigen Einzelaugen bestehen, eine fast komplette Rundumsicht. Drei zusätzliche Punktaugen dienen der Wahrnehmung von Hell und Dunkel. Antennen vor den Komplexaugen geben der Libelle weitere Informationen.

An deren Verformung im Flugwind erkennt sie, wie schnell sie ist, und wie weit sie ihre Geschwindigkeit drosseln muß, um wieder sicher landen zu können. Der synchrone Massenschlupf von Königslibellen zeigt uns schließlich, wie ausgeprägt die Überlebensinstinkte einiger Libellenarten sind. In einem engbegrenzten Zeitraum im Frühsommer, an ganz bestimmten Tagen, schlüpfen fast alle Tiere dieser Art. So wird garantiert, daß ein Großteil von ihnen ihren Feinden entkommt. Gleichzeitig aber finden sich nun viele ausgereifte Tiere am Gewässer ein – um sich fortzupflanzen.

Während sich Großlibellen meist in den oberen Regionen des Gewässers bewegen, spielt sich das Leben der Kleinlibellen (Zygoptera) in den unteren Uferbereichen dicht über der Wasseroberfläche ab. Wie funkelnde Nadeln schweben sie zwischen Büschen und Wasserpflanzen. Ihr Flug erscheint uns gaukelnd wie beim Schmetterling und weniger elegant gegenüber den Anisoptera-Arten. Doch bringen auch einige Kleinlibellenarten, wenn es um ihre Arterhaltung geht, Erstaunliches zustande. Mit ungeheurem Energieaufwand ritzen die Weibchen der zarten Weidenjungfern mit ihrem Legebohrer stundenlang die harte Borke von Bäumen an, um so an sicherer Stelle ihre Eier abzulegen.

Schlupf einer Westlichen Keiljungfer

Heidelibellen im „Paarungsrad" vereint.

Libellenarten, die wir am Gartenteich erwarten dürfen

Es wäre sicher eine Illusion, zu glauben, man könne einen Gartenteich, der sich in einem normalen Wohngebiet befindet, so gestalten, daß hieraus ein neuer Lebensraum für besonders gefährdete Libellenarten entsteht. Die Lebensansprüche dieser interessanten Insekten sind, speziell bei den bedrohten Arten, derart kompliziert, daß nur an sehr großen Ersatzgewässern in naturbelassenen Grundstücken und entsprechender Umgebung eine gewisse Aussicht auf Erfolg besteht. Es werden also in der Regel die weniger gefährdeten Libellenarten sein, die sich an unserem Teich einfinden. Doch auch für ihr Erscheinen und Verbleiben spielt die Gestaltung unserer Teichanlage eine Rolle. Ein steriles Gewässer zwischen eintönigen Rasenflächen werden sie nur zögernd besiedeln. Der naturnah angelegte Teich mit einer ausgedehnten Sumpfzone und entsprechender Uferbepflanzung zieht sie dagegen fast magisch an.

Wer seinen Gartenteich libellengerecht gestalten möchte, muß schon beim Ausschachten der Teichgrube an die Fortentwicklung der Insekten denken. Wie bei den Amphibien ist für das Überleben der Libellenlarven während der Wintermonate eine Tiefenzone von 1 m die wichtigste Voraussetzung. Schwimmblattpflanzen, wie Seerosen, Teichrosen, Wasserknöterich, Schwimmendes Laichkraut oder Froschbiß, laden die Libellen zur Eiablage oder zum Sonnen ein. Auch an Steine im Uferbereich, die sich unter der Sonne aufheizen, werden die wärmeliebenden Tiere gern ihre Körper pressen. Über das Wasser ragende Zweige oder Halme dienen ihnen als Sitzwarten, auf denen sie nach paarungswilligen Partnern oder geeigneten Beutetieren Ausschau halten. Schwertlilien, Binsen oder Rohrkolben ermöglichen der Libelle bei ihrer Geburt einen sicheren Schlupf aus der Larvenhaut.

Frischgeschlüpfte Blaugrüne Mosaikjungfer – im Hintergrund die leere Larvenhülle.

Eine Heidelibelle läßt ihre taufeuchten Flügel trocknen.

Frühe Adonislibellen nach einem Gewitterregen.

Wenn auch der Artentod vieler Libellen mit der Anlage eines naturnahen Gartenteiches nicht verhindert werden kann, werden uns der Anblick und das Beobachten der schillernden Wasserjungfern um ein Stück Naturerfahrung reicher machen, und letzt- lich erleben wir auch ständig, daß selbst für die weniger gefährdeten Libellenarten die natürlichen Lebensräume immer knapper werden, so daß sie zunehmend auf Ersatz- gewässer in unseren Gärten angewiesen sind.

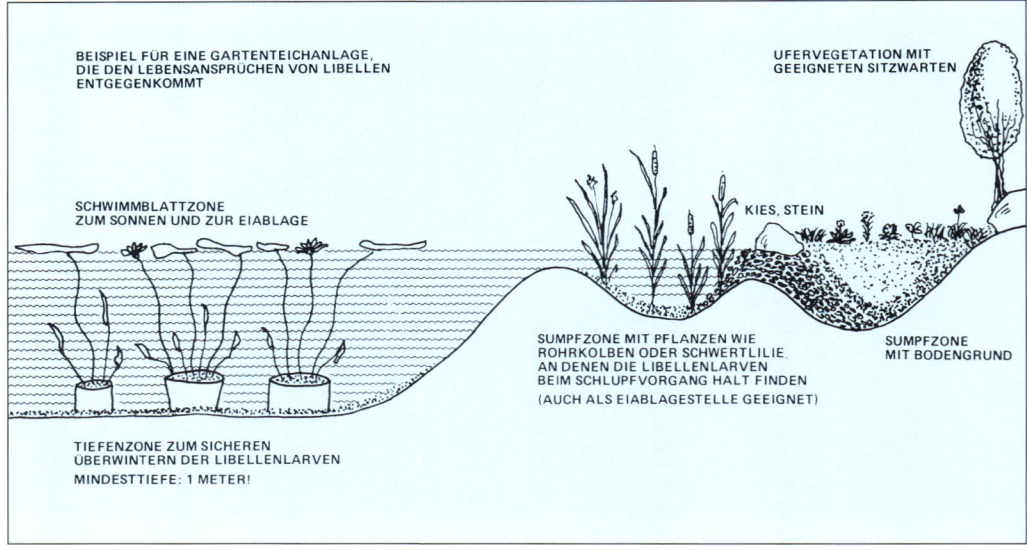

BEISPIEL FÜR EINE GARTENTEICHANLAGE, DIE DEN LEBENSANSPRÜCHEN VON LIBELLEN ENTGEGENKOMMT

UFERVEGETATION MIT GEEIGNETEN SITZWARTEN

SCHWIMMBLATTZONE ZUM SONNEN UND ZUR EIABLAGE

KIES, STEIN

SUMPFZONE MIT PFLANZEN WIE ROHRKOLBEN ODER SCHWERTLILIE, AN DENEN DIE LIBELLENLARVEN BEIM SCHLUPFVORGANG HALT FINDEN (AUCH ALS EIABLAGESTELLE GEEIGNET)

SUMPFZONE MIT BODENGRUND

TIEFENZONE ZUM SICHEREN ÜBERWINTERN DER LIBELLENLARVEN MINDESTTIEFE: 1 METER!

Libellen am Gartenteich – die häufigsten Arten

	Deutscher Name/ Botanischer Name	Flugzeit	Entwicklungsdauer der Larven	Eiablage – Verhalten/ bevorzugte Pflanzen
Großlibellen (Anisoptera)	Blaugrüne Mosaikjungfer *Aeshna cyanea*	VII – X	2 Jahre	abgest. Wasserpflanzen, Moos, Moderholz u.ä.
	Blutrote Heidelibelle *Sympetrum sanguineum*	VII – IX	Libellen schlüpfen im Jahr nach der Eiablage	Eiablage erfolgt im Flug
	Gemeine Heidelibelle *Sympetrum vulgatum*	VII – XI	Libellen schlüpfen im Jahr nach der Eiablage	Eiablage erfolgt im Flug
	Gemeine Smaragdlibelle *Cordulia aenea*	V – VIII	2 – 3 Jahre	Eiablage erfolgt im Flug
	Große Königslibelle *Anax imperator*	V – IX	1 – 2 Jahre	Laichkraut, Wasserpest, Hornblatt, Tausendblatt
	Großer Blaupfeil *Orthetrum cancellatum*	V – VIII	3 Jahre	Eiablage erfolgt im Flug
	Plattbauchlibelle *Libellula depressa*	V – VII	2 Jahre	Wasserschlauch, Wasser- feder, Wasserhahnenfuß
	Vierflecklibelle *Libellula quadimaculata*	V – VII	2 Jahre	Eiablage erfolgt im Flug
Kleinlibellen (Zygoptera)	Becher-Azurjungfer *Enallagma cyathigerum*	V – IX	Libellen schlüpfen im Jahr nach der Eiablage	Weibchen legen die Eier oft untergetaucht an Wasserpflanzen ab
	Federlibelle *Olatycnemis pennipes*	VI – IX	Libellen schlüpfen im Jahr nach der Eiablage	Blütenstiele von Wasser- pflanzen; bevorzugt Gelbe Teichrose
	Frühe Adonislibelle *Pyrrhosoma nymphula*	V – VIII	1 – 3 Jahre	Hornblatt, Laichkraut, Wasserminze, Frosch- blatt, Hahnenfuß
	Große Pechlibelle *Ischnura elegans*	V – IX	2 – 3 Jahre	Tausendblatt
	Großes Granatauge *Erythromma najas*	V – VIII	Libellen schlüpfen im Jahr nach der Eiablage	Weibchen legen die Eier oft untergetaucht an Schwimmblattpflanzen ab
	Gemeine Binsenjungfer *Lestes sponsa*	VI – IX	Libellen schlüpfen im Jahr nach der Eiablage	Binsen, Schilf

Leben im und am Gartenteich

Die Tiere

Auf Libellen, Fische und Amphibien (hier insbesondere die Gras- und Grünfrösche sowie Erdkröten) wurde aus besonderem Grund schon in den vorherigen Kapiteln eingegangen. Das Leben im und am Gartenteich wird aber noch von vielen anderen, oft im Verborgenen existierenden Tierarten bestimmt, von denen wir hier einige näher betrachten wollen.

Die Große Schlammschnecke *Lymnaea stagnalis* ist die größte und bekannteste Wasserschneckenart in unseren Süßgewässern. Da sie keine besonderen Ansprüche an ihren Lebensraum stellt und oft in großer Zahl nährstoffreiche Weiher oder die stilleren Seitenarme von Fließgewässern besiedelt, ist sie auch in unseren Gartenteichen häufig anzutreffen. Hier sieht man sie an der Wasseroberfläche dahergleiten und kann beobachten, wie sie den darauf schwimmenden, feinen „Film" von Mikroorganismen abweidet. Unter dem Wasser lebt sie von abgestorbenen Pflanzenresten, verschmäht auch kleine Tierkadaver nicht und „raspelt" Algen von Pflanzenstielen und -blättern sowie im Wasser liegenden Steinen.

Zu den Tieren, die an der Wasseroberfläche zu beobachten sind, gehört auch der Gewöhnliche Wasserläufer *Gerris lacustris*. Seine Nahrung besteht aus kleinen Landinsekten, die auf die Wasseroberfläche gefallen sind und zu ertrinken drohen, aber auch tote Kleintiere gehören zu seinem Speiseplan. Der Gewöhnliche Wasserläufer ist der häufigste Vertreter unter 11 ähnlichen Arten. Die federleichten Tiere werden von der Oberflächenspannung des Wassers getragen. Ihre nadeldünnen Beine wirken am Körper wie lange Ausleger, und wenn man genau hinschaut, wird man erkennen, daß sie damit kleine Vertiefungen auf der Wasseroberfläche erzeugen. Werden die Wasserläufer bei Wind oder Regen mit dem ganzen Körper auf die Wasseroberfläche gedrückt, schützt sie ihr dichtes Haarkleid, das vor allem an der Unterseite wie ein Luftpolster wirkt, vor dem Versinken und Ertrinken.

Einer der Nahrungskonkurrenten des Wasserläufers ist der Rückenschwimmer *Notonecta glauca*. Wir können ihn im Gartenteich unter der Wasseroberfläche beobachten, wenn er, die Beine weit abgespreizt, mit seinem Hinterleibsende den Wasserspiegel durchstößt, um Luft aufzunehmen. Diesen nun gespeicherten Luftvorrat führen die Tiere, deponiert zwischen feinen Härchen an ihrer Bauchseite, stets mit sich. Ihre Unterseite erhält dadurch einen so starken Auftrieb, daß die Insekten zwangsweise in der Rückenlage schwimmen. Neben ertrinkenden oder toten Kleintieren, die auf der Wasseroberfläche treiben, stellen Rückenschwimmer unter Wasser auch größerer Beute nach, wie der Fischbrut oder Kaulquappen. Da der Stich

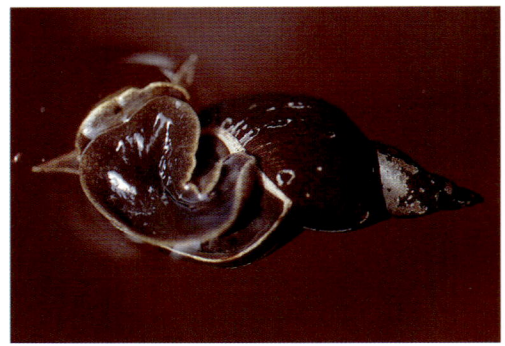

Eine Schnecke weidet die Wasseroberfläche nach Mikroorganismen ab.

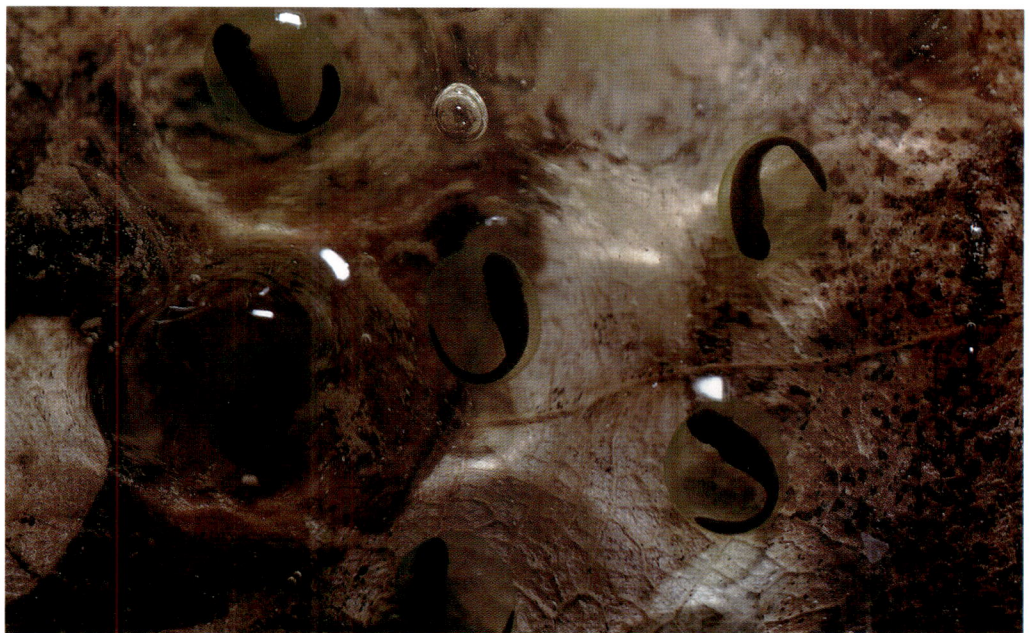

Die Brut der Frösche wird oft zur Beute des Rückenschwimmers. Aus den Froscheiern schlüpfen zunächst die Larven, die im Laufe ihrer Entwicklung die Eihülle verlassen. Die fischähnlichen Quappen nehmen allmählich die typische Gestalt der Froschlurche an.

ihres Rüssels auch für den Menschen schmerzhaft ist, sollte man Rückenschwimmer nie mit der Hand ergreifen.

Mit nur wenigen Millimetern Größe gehören die meisten Wasserfloh-Arten zu den unscheinbaren und kaum beachteten Lebewesen unseres Gartenteiches. Erst unter dem Mikroskop wird erkennbar, daß es sich bei ihnen um kleine Krebstiere handelt. Arten, wie der Gemeine Wasserfloh *Daphnia pulex,* der früher in fast jedem nährstoffreichen Tümpel anzutreffen war, gehen heute in ihrem Bestand drastisch zurück, weil es immer weniger naturbelassene Kleingewässer gibt. Wasserflöhe sollten deshalb in jedem Gartenteich willkommen sein. Sie leben von kleinen Algen, Bakterien und Schwebeteilchen, die sie aus dem Wasser filtrieren und so an dessen Reinigungsprozeß entscheidend beteiligt sind. Zum anderen sind sie wegen ihrer geringen Größe für

viele im Teich lebende Jungtiere eine unverzichtbare Nahrungsquelle.

Der räuberische Gelbrandkäfer *Dytiscus marginalis* ist dagegen im Gartenteich nicht immer gern gesehen. Er erbeutet Libellen- und Amphibienlarven sowie kleine Fische. Dabei spritzt er seinem Opfer ein Sekret ein, das es tötet und seine inneren Weichteile verflüssigt; anschließend wird es ausgesaugt. Zum Luftschöpfen kommt der Gelbrandkäfer mehrmals stündlich an die Wasseroberfläche und nimmt dann jedesmal einen kleinen Sauerstoffvorrat unter seinen Flügeldecken mit. Die Tiere sind ausgezeichnete Flieger und suchen des Nachts geeignete Gewässer, in denen sie sich niederlassen können. Nicht zuletzt deshalb, weil der Käfer heute eine recht seltene Erscheinung geworden ist, sollten wir ihn an unserem Gartenteich dulden. Er wird dauerhaft ohnehin nur solche Teiche besiedeln,

Gelbrandkäfer

in denen ein ausgewogenes Verhältnis von Räubern und Beutetieren auch seine Existenz erlaubt.

Über Nacht können auch einfliegende Taumelkäfer *Gyrinus natator* unseren Gartenteich besiedeln. Das wäre dann ein Kompliment für unser künstlich angelegtes Kleingewässer, denn Taumelkäfer sind vornehmlich nur an solchen Feuchtbiotopen zu finden, die üppig von Pflanzen bewachsen, sauber und sauerstoffreich sind. Dem Leben im klaren Wasser haben sich die schillernden Insekten perfekt angepaßt: Ihre Augen sind zweigeteilt, so daß sie bei ihren kreisenden Bewegungen an der Wasseroberfläche alle Vorgänge in der Luft und unter Wasser beobachten können.

Noch einmal zu den Amphibien

Schon im vorhergehenden Kapitel über Amphibien wurde deutlich gemacht, warum es unvernünftig und den Tieren gegenüber unverantwortlich ist, sie zwangsweise in einem Gartenteich anzusiedeln. Das gleiche gilt für alle ausländischen Amphibienarten, die offiziell im Zoofachhandel als Terrarientiere oder von privater Seite angeboten werden. Dabei handelt es sich z.B. um Amerikanische Ochsenfrösche oder Chinesische Rotbauchunken. Wenn solche Tiere in Gartenteichen eingesetzt werden und sie von dort aus in die Natur abwandern, ist eine Faunenverfälschung oder eine weitere Dezimierung unserer heimischen Lurchbestände vorauszusehen, denn der bis zu 20 cm große Ochsenfrosch ist ein Freßfeind unserer Amphibien und die Chinesische Rotbauchunke wird mangels arteigener Partner bestrebt sein, sich mit der heimischen Gelbbauchunke *Bombina variegata* zu paaren.

Der Wasserfrosch *Rana esculenta* und der Teichfrosch *Rana lessonae* sind für den Laien kaum voneinander zu unterscheiden.

Das Auge einer Erdkröte.

Ein Wasserfrosch ist zwischen den Wasserlinsen aufgetaucht.

Zu diesen als „Grünfrösche" bezeichneten Arten gesellt sich noch der ganz ähnlich aussehende Seefrosch *Rana ridibunda.* Wissenschaftler betrachten schließlich den Wasserfrosch als eine Kreuzung zwischen Teich- und Seefrosch.

Grünfrösche sind, wenn sie sich an einem Gartenteich angesiedelt haben, ziemlich standorttreu. Nur die Jungtiere entfernen sich bei der Nahrungssuche gern vom Gewässer. Man sollte also bei Beobachtungen und Pflegearbeiten am Gartenteich auf sie achten. Grünfrösche lieben Gewässer mit dichtem Pflanzenbewuchs; sie ernähren sich von Würmern, Insekten und Schnecken und erbeuten mitunter auch kleine Wirbeltiere.

Der Grasfrosch *Rana temporaria* ist den Sommer über eher ein Landbewohner. Schon zeitig im Frühjahr legt er im angestammten Laichgewässer seine Eier ab. Dann unternimmt er lange Wanderungen zu seinem Sommerquartier, das in feuchten Waldregionen oder im Randbereich von Bächen, Gräben oder Sümpfen liegt. Auch die Jungtiere besitzen einen ausgeprägten Wandertrieb. In der Endphase ihrer Metamorphose zieht es sie zu benachbarten Gewässern, und so lassen sich mitunter ganze Scharen von winzigen Grasfröschen in der weiteren Umgebung von Tümpeln oder auf Waldwegen beobachten. Dieses Verhalten ist wissenschaftlich nicht eindeutig geklärt. Es ist in jedem Fall als eine instinktive Flucht vor Gefahren anzusehen (etwa vor speziellen Freßfeinden).

Viele von uns werden sich noch an Zeiten erinnern, in denen man den Laubfrosch *Hyla arborea* in ein Einmachglas mit einer kleinen Leiter sperrte. Dort sollte er die Rol-

Grasfrosch im Laichgewässer.

Ein Laubfrosch sonnt sich auf einem Schilfblatt.

le des „Wetterbarometers" übernehmen, wozu er freilich gar nicht taugt. Heute ist der kleine Frosch zur Rarität geworden. Nur wenige Menschen haben das Glück, ihn an ihrem Gartenteich bewundern zu können. Seine bevorzugten Lebensräume sind die sonnenbeschienenen Randbereiche naturbelassener Tümpel, Teiche und Gräben, in denen eine dichte Vegetation den Tieren das Klettern ermöglicht und ihnen gleichzeitig als Unterschlupf und Tarnung dient. Nur im Frühjahr begeben sich die fortpflanzungswilligen Frösche in die flachen Uferbereiche der Gewässer, um dort ihre kleinen Laichballen abzulegen, die etwa 1 000 Eier enthalten.

Unsere bekannteste und verbreitetste Krötenart ist die Erdkröte *Bufo bufo*. Etwas später als die Grasfrösche beenden Erdkröten die Winterruhe in ihren Landverstecken und machen sich auf die Wanderung zu ihren Stammgewässern, in denen sie selbst schon als Larven gelebt haben. Anders als die Grasfrösche, mit denen sie oft das Laichgewässer teilen, legen Erdkröten ihre Eier in Laichschnüren ab, die sie zwischen Wasserpflanzen deponieren. Erdkröten trifft man mitunter völlig unvermutet in Wäldern, auf Wiesen, Äckern oder in verwilderten Parkanlagen, obwohl sie tagsüber feuchte Verstecke bevorzugen und erst in der Dämmerung aktiv werden. Sie sind als „Schädlingsfresser" in unseren Gärten gern gesehene Gäste, wobei die Problematik wiederum dann beginnt, wenn der Garten in einer verkehrsreichen Umgebung liegt.

Ein ähnliches Verhalten wie die Erdkröte zeigt die Wechselkröte *Bufo viridis*. Diese sehr viel seltenere und kleinere Krötenart kommt aber auch in trockeneren Regionen vor. Zur Eiablage genügen ihr oft schon kleine Pfützen oder die Brackwasserbereiche verlandender Gewässer.

Ähnliche Reviere dienen der Gelbbauchunke *Bombina variegata* nicht nur als Laichplatz, sondern auch als dauerhafter Lebensraum. Die nur etwa 5 cm großen Tiere aus der Familie der Scheibenzüngler leben gesellig in flachen Tümpeln, oft sogar

in Radspuren mit tonhaltigem Untergrund. Wenn ihr an Land Gefahr droht, wirft sich die Gelbbauchunke auf den Rücken und zeigt dem Angreifer ihre leuchtend gelben Flecken auf der Bauchseite. Solche Warnfarben werden auch in der Tierwelt respektiert und sind geeignet, Feinde abzuschrekken. Ähnlich wie *Bombina variegata* verhält sich die Rotbauchunke *Bombina bombina*. Beide Unkenarten sind heute akut in ihrem Bestand bedroht. Die Besiedlung eines Gartenteiches durch sie wird eine Seltenheit bleiben.

Unter den Amphibien sind Schwanzlurche weniger bekannt und beliebt, nicht zuletzt deshalb, weil sie zu Lande und im Wasser meist ein verborgenes, geheimnisvolles Leben führen und von vielen Menschen fälschlicherweise als Reptilien angesehen werden. Die bekanntesten Arten sind der Feuersalamander *Salamandra salamandra,* der Teichmolch *Triturus vulgaris,* der Kammolch *Triturus cristatus* und der Bergmolch *Triturus alpestris.* Wie alle Amphibienarten dürfen auch diese Tiere weder aus der Natur entnommen, noch in Gefangenschaft gehalten werden, doch ist ihre Besiedlung von neuangelegten Gartenteichen durchaus möglich, z. B. dann, wenn Vögel in ihrem Gefieder die Eier von Molchen aus Naturgewässern einschleppen.

Der lebendgebärdende Feuersalamander besiedelt bevorzugt die kühlen und feuchten Quellregionen von Bächen, die am Rand von Laubmischwäldern liegen. Tagsüber verstecken sich die durch gelbschwarze Warnfarben gekennzeichneten Tiere, deren feuchte, weiche Haut empfindlich gegen Austrocknung ist, in Moospolstern, unter Steinen oder abgeschälter Baumrinde. Die Entwicklung der Salamander im Mutterleib kann über ein halbes Jahr dauern. Dann werden die Larven, deren vier Beine bei der Geburt bereits ausgebildet sind, von der Mutter in den ruhigeren Bereichen der Quelltümpel abgesetzt. Ihre vollständige Entwicklung dauert noch etwa fünf Monate. Danach verlassen sie ihr Geburtsgewässer. Wenn Feuersalamander sich

Die Quellregionen von Bächen sind die natürlichen Lebensräume des Feuersalamanders.

unseren Gartenteich und seine weitere Umgebung als Revier aussuchen sollen, müssen nicht nur genügend feuchte Tagesverstecke für sie verfügbar sein, sondern auch geeignete Winterquartiere, wie Erdhöhlen, Reisig- oder Steinhaufen, in die sich die Tiere von Oktober bis März zurückziehen können.

Der Kammolch ist mit 18 cm Länge unsere größte heimische Molchart. Er lebt vom zeitigen Frühjahr an in pflanzenreichen, ruhigen Kleingewässern, in denen auch die Paarung und Eiablage erfolgt. Dem Paarungsakt geht ein eindrucksvolles Balzspiel des Männchens voraus, in dem es mit aufgestelltem Kamm und nach vorn gebogenem Schwanz das Weibchen „umtanzt". Beim Laichen wird jedes einzelne Ei (insgesamt etwa 250) an ein Pflanzenblatt geheftet und darin eingefaltet. Wenn der Sommer zu Ende geht, verlassen die Kammolche das Gewässer, um an Land ein verborgenes Leben unter Steinen, Wurzeln oder Blättern zu führen. Ein ähnliches Verhalten wie der Kammolch zeigen der Teichmolch und der farbenprächtige Bergmolch, der vor allem in den Gewässern der Mittelgebirge anzutreffen ist.

Leben am Teichrand

„Ordnung ist das halbe Leben", sagt ein altes Sprichwort. An ihm orientiert, hat der Mensch auch die ökologische Vielfalt unserer Landschaft entflochten und nicht selten ohne zwingenden Grund nach seinen Wünschen formiert. Was mit Tümpeln, Bächen und Flüssen geschah, mußten auch andere Landschaftsbereiche erdulden: Wälder, Wiesen und Felder mit ihren angrenzenden Bereichen sind in passende Rahmen gedrängt; Monokulturen und geometrische Formen bestimmen die neuen Landschaftsbilder. Wo einst Uferböschungen, Wald- und Wegränder natürliche Lebensräume für viele Tier- und Pflanzenarten waren, hat unser oftmals übertriebener Ordnungssinn selbst diese von uns ungenutzten Flächen ruiniert.

Man muß nicht einmal der älteren Generation angehören, um sich zu erinnern, daß dies alles einmal anders war. Raschelnde Eidechsen im Fallaub am Waldrand, zirpende Heuschrecken und tanzende Schmetterlinge über Blumenwiesen sind Bilder aus jüngster Vergangenheit. Trotz vieler positiver Einsichten, die aus dem rasanten Raubbau an unserer Natur entstanden sind, ist es jedoch ungleich schwerer, ein Stück von ihr zurückzugewinnen, als sie zuvor im Eiltempo zu ruinieren. Wirt-

Der Schwalbenschwanz flog früher häufig über Blumenwiesen und war auch in Bauerngärten mit Doldengewächsen anzutreffen. Heute ist der stattliche Falter bei uns selten geworden.

Dickkopffalter (oben und unten) sind Kleinschmetterlinge, die in mehreren Arten anzutreffen sind. Das Portraitfoto macht deutlich, daß Schmetterlinge einen dichten Haarpelz besitzen, der sie vor Kälte schützt.

schaftliche Zwänge und kommerzielle Interessen bringen zudem manchen gutgemeinten Rat zum Scheitern. So bleiben wiederum unsere Gärten jenes Terrain, in dem sich in begrenztem Maße manches anders machen läßt. Beziehen wir also auch die weitere Umgebung unseres Teiches in unser Vorhaben ein, ein wenig natürliche Entwicklung zuzulassen. Schaffen wir soviel Ordnung wie nötig, aber tolerieren wir auch ein gewisses Maß an Wildwuchs. Denken wir z. B. daran, daß jeder Schmetterling aus einer oft häßlichen Raupe entsteht. Rotten wir deshalb nicht gleich jede Brennessel aus, die unserer Blicknähe entrückt, am Gartenzaun ein bescheidenes Dasein führt. Sie ist eine begehrte Futterpflanze für die Raupen prachtvoller Falter,

die uns im Sommer mit ihrem Anblick erfreuen.

Futterpflanzen

für die Raupen einiger unserer bekanntesten und noch relativ häufig anzutreffenden Schmetterlingsarten

Schmetterlingsname	Futterpflanzen für Raupen
Achateule	Brennessel, Taubnessel, Farne, Himbeere, Storchschnabel
Admiral	Brennessel, Distel
Aurorafalter	Wiesenschaumkraut
Brauner Waldvogel	frische Triebe von Gräsern
C-Falter	Brennessel, Wilder Hopfen, Stachelbeere, Johannisbeere
Distelfalter	Distel, Brennessel, Huflattich
Dukatenfalter	Großer und Kleiner Sauerampfer
Geißkleebläuling	Hauhechel, Hornklee, Heidekraut
Gelbwürfeliger Dickkopffalter	Gräser
Gemeines Blutströpfchen	Bergkronwicke, Hornklee
Großer Schillerfalter	Grauweide, Ohrenweide
Grünwidderchen	Ampferarten
Hornissenschwärmer	Zitterpappel, Espe
Kaisermantel	Veilchen, Himbeere
Kleiner Eisvogel	Geißblatt, Schneebeere, Heckenkirsche
Kleiner Feuerfalter	Knöterich, Sauerampfer
Kleiner Fuchs	Brennessel
Kleiner Heufalter	Gräser
Kleines Nachtpfauenauge	Rose, Schlehe, Heidekraut, Himbeere, Brombeere
Mondvogel	Buche, Eiche, Pappel, Weide
Birkenzipfelfalter (Nierenfleck)	Schlehe, Pflaume, Birke
Ochsenauge	Gräser
Pappelspinner	Pappel, Weide
Tagpfauenauge	Brennessel, Wilder Hopfen
Zitronenfalter	Faulbaum

Das Landkärtchen: Stufen einer Entwicklung vom Ei zum Falter: Unter seiner Futterpflanze hat der Schmetterling seine Eier, zu Türmchen formiert, abgelegt.

Die geschlüpften Raupen leben gesellig unter einem Brennesselblatt.

Das Landkärtchen fliegt in zwei Generationen: von April – Juni und von Juli – August.

Unerwünschte Kleintiere

Auch am Gartenteich wird es gelegentlich Probleme mit Schadinsekten oder Schnecken geben. Das ist vor allem dann besonders ärgerlich, wenn attraktive Pflanzen deren Opfer werden. Wohl oder übel werden wir deshalb die Schädlinge einsammeln und vernichten müssen. Diese Methode ist zwar weder besonders effektiv noch angenehm und wird dem einen oder anderen widerstreben. Letztlich aber ist sie doch humaner und vernünftiger als ein Gifteinsatz mit unvorhersehbaren Folgen.

Nacktschnecken fressen vor allem gern an der frischaustreibenden Vegetation im feuchten Randbereich des Teiches. Auch im Gartenmoor können sie erheblichen Schaden anrichten. Vielfach hilft hier ein engmaschiger Draht oder ein engmaschiges Netz (s. „Vögel im Gartenmoor – nicht immer nur gerngesehene Gäste").

Der Seerosenzünsler, ein kleiner Schmetterling, legt seine Eier bevorzugt auf Seerosenblättern, aber auch auf anderen

Lilienhähnchen

Schwimmblattpflanzen ab. Seine Larven schneiden sich kleine Blatteile heraus, um sich daraus ein Gehäuse zu bauen, in dessen Schutz sie bis zur Verpuppung leben.

Ein ähnliches Verhalten zeigt der Seerosenblattkäfer. Seine Larven leben an der unteren Blatthälfte; von dort aus fressen sie sich durch das Blattgewebe, so daß bei starkem Befall von einem Seerosenblatt oft nur noch das „Gerippe" übrigbleibt.

Das Lilienhähnchen, ein hübscher, glänzendroter Käfer, hat es besonders auf die Wasseriris-Arten abgesehen. Er, wie seine Larven, fressen die Blätter streifenförmig ab. Bei starkem Befall kommen die attraktiven Pflanzen nicht zur Blüte. Auch andere, im übrigen Gartenbereich stehende Liliengewächse, sind für das Lilienhähnchen attraktiv.

Blattläuse, die wohl bekanntesten Pflanzenschädlinge, treten vor allem als dunkel gefärbte Exemplare in großen Massen auf. Das Abspritzen mit einem starken Wasserstrahl wird nur kurzzeitig zum Erfolg füh-

Im Gartenmoor fressen Schnecken mit Vorliebe an den weichen Blättern der Fettkraut-Arten. – Im Bild: Pinguicula moranensis.

Marienkäfer sind eifrige Blattlaus-Jäger.

ren. Als „biologische Schädlingsbekämpfer" erweisen sich in diesem Fall vor allem Marienkäfer bzw. deren Larven. Ein ausgewachsener Marienkäfer vertilgt täglich an die 60 Blattläuse, seine Larve etwa 20.

Kurioserweise werden auch insektenfangende Pflanzen im Gartenmoor bevorzugt von Blattläusen befallen und geschädigt.

Auch Florfliegen stehen beim Gärtner in hoher Gunst, da ihre Hauptnahrung aus Blattläusen besteht.

Über den „Nutzen und Schaden" von Kleintieren

Im Grunde genommen gibt es in der Natur weder „Schädlinge" noch „Nützlinge". Mit diesen Begriffen haben wir Menschen lediglich jene Lebewesen eingestuft, die uns nach unseren Wertmaßstäben dienlich erscheinen oder unerwünschte Nahrungskonkurrenten sind.

Auch wenn wir mit zwiespältigen Gefühlen das oft grausam erscheinende Wechselspiel der Natur betrachten, in dem der Schwache als erster verdrängt, vernichtet oder gefressen wird, werden wir doch erkennen müssen, daß dies nach Gesetzen geschieht, die wir nicht besser erdenken könnten. Natürlich werden wir uns zuweilen fragen, warum es überhaupt so häßliche Kleinlebewesen wie Asseln, Fadenwürmer oder Blattläuse gibt. Kein Mensch erfreut sich an ihnen; ihr Verschwinden würde kaum bemerkt und wäre für niemanden ein Verlust. Mit dieser Denkweise beginnen wir aber bereits das Naturgefüge zu entflechten. Es fällt uns schwer zu akzeptieren, daß das für unsere Sinne Unangenehme, ja Abstoßende, für den gesamten Lebenskreislauf unverzichtbar ist, denn nur wenn wir die häßliche Assel, den ekligen Wurm als wichtiges Glied in dieser Kette sehen, werden wir verstehen, warum wir uns am Gesang eines Rotkehlchens erfreuen dürfen.

Für viele von uns ist der Griff zur Giftspritze selbstverständlich, wenn etwa im Frühjahr die Blattläuse in Scharen über unsere Rosenkulturen hergefallen sind, und nebenan im Feld sehen wir vielleicht mit einigem Unbehagen, wie der Bauer die Landschaft mit Bioziden eingenebelt hat. Zwischendurch beklagen wir uns darüber, daß es außer Kohlweißlingen fast keine Schmetterlinge mehr gibt, und daß uns der Salat und die Tomaten schon lange nicht mehr schmekken.

Mit ihren hochentwickelten Augen gehören die winzigen Springspinnen zu den „Meistern" des Beutefanges.

Im Prinzip läßt sich das eine Beispiel mit dem anderen vergleichen. Weder die Rosenzucht im Garten, noch der kommerzielle Feldanbau nebenan können ohne Gifte existieren, weil hier zunächst durch Monokultur bedingt und später durch das Gift noch verstärkt, auch die natürlichen Freßfeinde der „Pflanzenschädlinge" vertrieben und vernichtet wurden.

„Schädlinge" in Feld und Garten sind, wie überall in der Natur, eine höchst normale Sache. Betrachten wir dabei einmal eine Blattlaus, die für uns der Inbegriff des „Pflanzenschädlings" ist. In der freien Natur eröffnet sich ihr ein endlos weites Feld für ihre Freßlust und Verbreitung, und dennoch ist der Schaden, den sie dort anrichtet, relativ gering. Hungrige Marienkäfer und ihre Larven sind unermüdlich dabei, ihre Bestände kleinzuhalten. Raubwanzen, Spinnen, Larven von Florfliegen, von Schlupfwespen und Schwebfliegen, fressen sich an ihr satt; Vögel oder gar der Ohrwurm, der vielen von uns nicht geheuer ist, trachten ihr nach dem Leben. Die Vielfalt der Vegetation sorgt hier dafür, daß das Verhältnis von Räubern und Beutetieren ausgeglichen bleibt.

Ein übermäßiger „Schädlingsbefall" im Garten wird also oft ein Indiz für eine einseitige Bepflanzung sein, und gerade der naturnahe Garten, der keinem Nutzungszwang unterliegt, ist für ein gezieltes Entgegenwirken wie geschaffen. Die biologische Funktion von Wildpflanzen wird dabei schon lange nicht mehr angezweifelt. Sie locken „Nützlinge" an, die nichts anderes im Sinn haben, als die von uns gehaßten „Parasiten" aufzufressen.

Startender Weichkäfer Rhagonycha fulva.

„Nutzinsekten"

Deutscher Name/ Botanischer Name	Nahrung/Besonderes
Ameisenwanze *Myrmecoris gracilis*	ausschließlich Blattläuse
Blumenwanze *Anthocoris nemorum*	Spinnmilben, Kleininsekten
Eichenweichkäfer *Cantharis obscura*	Larven leben räuberisch von Schnecken
Florfliege *Chrysopa perla*	Larven ernähren sich fast ausschließlich von Blattläusen
Gemeiner Ohrwurm *Forficula auricularia*	Allesfresser – kann eine beträchtliche Anzahl von Blattläusen verzehren
Gemeiner Weichkäfer *Cantharis fusca*	Larven ernähren sich räuberisch von Schnecken
Grünes Heupferd *Tettigonia viridissima*	die Junglarven ernähren sich gern von Blattläusen
Libellen (versch. Arten)	Fliegen, Mücken und andere lästige Insekten
Marienkäfer (versch. Arten)	Käfer und Larven gehören zu den größten Freßfeinden der Blattläuse
Raubmilbe *Phytoseiulus persimilis*	saugt vor allem Spinnmilben aus
Räuberische Schildwanze *Picromerus bidens*	Insektenlarven, Würmer, Kartoffelkäfer
Schlupfwespe *Encarsia formosa*	legt ihre Eier in die Larven der Weißen Fliege ab, die darauf absterben
Schwebfliegen (versch. Arten)	Larven ernähren sich vornehmlich von Blattläusen
Spinnen (Springspinne, Kreuzspinne, Wolfsspinne)	Fliegen, Falter, Käfer, Läuse, Raupen
Weichkäfer *Rhagonycha fulva*	Larven ernähren sich von Schadinsekten

Probleme mit Algen

Ohne Algen wäre ein Gewässer nicht lebensfähig. Algen sind natürliche Sauerstoffspender und eine Nahrungsquelle für Schnecken und viele Mikroorganismen.

Wenn sich ein Teich unter der Frühjahrssonne rasch erwärmt, vermehren sich die Grünalgen explosionsartig (das Wasser nimmt eine trübe, grünliche Färbung an). Erst wenn die übrigen Pflanzen kräftig zu wachsen beginnen und in Konkurrenz zu ihnen treten, wird das Wasser wieder klar.

Im Sommer verursachen Kolonien von mikroskopisch kleinen Blaualgen die gefürchtete „Algenblüte", und in ihrer Folge treten nicht selten fädige Blaualgen auf, die an Steinen und Pflanzen glitschige Schlieren bilden oder als blasentreibende Watten auf der Wasseroberfläche schwimmen.

Zum Herbst hin vermehren sich Kiesel- und Fadenalgen. Letztere verfilzen sich vor allem an Stengeln und Blättern von Wasserpflanzen und drohen sie zu ersticken.

Das vermehrte Auftreten von Algen ist im Naturgewässer eine jahreszeitlich bedingte Erscheinung und reguliert sich nach diesem Zyklus von selbst. Wenn im Gartenteich die Algen überhand nehmen, weisen sie auf Störungen hin, die fast immer in

- einem zu hohen Nährstoffangebot oder
- einer zu starken Sonneneinstrahlung, verbunden mit
- einer drastischen Erwärmung des Gewässers

ihre Ursache haben.

Chemische Mittel sind für diese Algenprobleme wenig geeignet, weil sie nur kurzzeitige Hilfe bringen und das Übel nicht an der Wurzel packen.

Man sollte besser

- verstärkt Pflanzen einsetzen, die in Konkurrenz zu den Algen treten und ihnen

Frosch im Schwimmenden Laichkraut.

die Nährstoffe streitig machen (s. hierzu „Untergetaucht lebende Wasserpflanzen – aquatische Arten").

- Des weiteren sollte man Schwimmblattpflanzen, wie Schwimmendes Laichkraut, Gelbe Teichrose oder Gemeiner Froschbiß einbringen, die den Lichteinfall auf das Wasser reduzieren können.

Eine solche gezielte Bepflanzung ist das wirksamste Mittel zur Algenbekämpfung. Große biologische Reinigungskraft besitzen auch Pflanzen wie Rohrkolben oder Schilf.

Leider lassen sich diese hochwüchsigen Arten aber nur in größeren Teichanlagen unterbringen. Auch Wasserschnecken können als unermüdliche Algenvertilger die Situation verbessern helfen.

Torf säuert das Wasser an. Seine Huminsäuren wirken dem Algenwuchs entgegen. In einem kleinen Teich hilft deshalb oft ein Sack mit reinem Hochmoortorf, den man an einem Seil ins Wasser hängt.

Werden im Gartenteich Fische gehalten, die gefüttert werden müssen, sollte man die Ursache für das vermehrte Algenwachstum zunächst in diesem Bereich suchen (s. Kapitel „Ein Teich ohne Fische?").

Teichpflege im Wechsel der Jahreszeiten

Frühjahr

In einem naturnah gestalteten Gartenteich sollten größere Eingriffe, die der Teichpflege dienen, im Frühjahr unterbleiben. Nur einige Pflanzenarten benötigen jetzt etwas mehr Aufmerksamkeit; vor allem Seerosen zeigen vor Beginn der Wachstumsperiode an ihren Wurzeln oft faulige Stellen, die mit einem scharfen Messer entfernt werden sollten. Auch andere faulende Pflanzenreste, die die Wasserqualität verschlechtern, werden jetzt aus dem Teich genommen.

Sommer

Im Sommer wird uns der Teich kaum Arbeit machen. Nun ist Zeit, Tiere und Pflanzen in Ruhe zu betrachten und sich an ihrer Entwicklung zu erfreuen. In langen Hitzeperioden kann es vorkommen, daß sich die Fadenalgen stark vermehren, und man wird sie mit einem Kescher o.ä. aus dem Wasser fischen müssen. Vor dem Weg auf den Komposthaufen sollte man sie aber auf daran festsitzende Schnecken oder andere Lebewesen untersuchen. Um verdunstetes Wasser zu ergänzen, muß hin und wieder zum Gartenschlauch gegriffen werden. Gerade um diese Zeit ist aber der Temperaturunterschied von Leitungs- und Teichwasser besonders hoch. Hier hilft behutsames Nachfüllen. Noch besser eignet sich jetzt ein Rasensprenger, bei dem sich das Wasser zuvor ein wenig in der Luft erwärmt.

Herbst

Der Herbst ist die Zeit der großen Reinigung. Man sollte aber damit warten, bis die Bäume in Teichnähe alle Blätter abgeworfen haben. Viele Pflegearbeiten am naturnahen Gartenteich sind eine heikle Sache, weil sie fast immer einen drastischen Eingriff in einen bestimmten Lebensraum bedeuten. In jeder Handvoll Fallaub, die wir aus dem Teich entnehmen, verbergen sich unzählige Kleinlebewesen, die auf ihre Art einen Beitrag zur gesunden Entwicklung des Gewässers leisten. Andererseits kommt aber auch ein naturnah anglegter Teich nicht gänzlich ohne Unterstützung aus. Ausgenommen sind hiervon eigentlich nur besonders große Teichanlagen mit natürlichen Abdichtungsmaterialien wie Lehm und Ton. Wie schon erwähnt, stehen Naturgewässer, selbst bei einem stark verdichteten Untergrund, mit dem Grundwasser in Verbindung. Es findet also auch über den Bodenbereich in gewissem Maße ein Wasseraustausch statt, bei dem schädliche Bestandteile fortgespült werden. Die Folie im Gartenteich unterbricht diesen Prozeß der natürlichen Selbstreinigung. Deshalb sind wir gezwungen, den fauligen Mulm, der sich am Teichboden abgelagert hat, zu einem gewissen Teil zu entfernen. Um den Bodenbereich zu erreichen, muß das Teichwasser etwa zu zwei Dritteln abgelassen werden. Wenn der Teich auf erhöhtem Gelände liegt, kann dies mit einem Gartenschlauch geschehen. Andere Möglichkeiten sind die Verwendung einer Teichpumpe oder größere Gefäße, über deren Öffnung man eine feine Gaze spannt. Die zuletzt genannte Art ist sicher die mühsamste, aber so lassen sich kleine Lebewesen, die wieder zurückgesetzt werden müssen, am besten einsammeln. In jedem Fall muß alles organische Material, das aus dem Teich entnommen wird, sorgfältig auf Schnecken, Wasserkäfer, Libellenlarven und andere Kleinlebewesen untersucht werden.

Großer, naturnah angelegter Gartenteich im Sommer.

Falls sich Amphibien oder einheimische Kleinfische im Teich befinden, sollte man versuchen, sie so wenig wie möglich zu behelligen. Keinesfalls darf unsere Arbeit zu einem radikalen Großreinemachen ausarten, bei dem der halbe Teichboden ausgeräumt wird. Es gilt ganz einfach, moderndes Fallaub, abgestorbene Reste von Wasserpflanzen und einen Teil des Faulschlamms am Boden zu entfernen.

Immergrüne Wasserpflanzen, wie Wasserhahnenfuß oder Wasserfeder, sollten von diesen Pflegemaßnahmen ganz verschont bleiben, da sie im Winter das ohnehin knappe Sauerstoffaufkommen anreichern. Auch die abgestorbenen Stengel von Rohrkolben, Schwertlilien oder Binsen sollten stehenbleiben. Sie werden den Winter über auch bei einer geschlossenen Eisdecke wie eine kleine Röhre wirken und den für das Teichleben notwendigen Gasaustausch fördern. Nach Beendigung der Pflegearbeiten sollte dann darauf geachtet werden, daß das nachzufüllende Wasser etwa die gleiche Temperatur wie das verbliebene Teichwasser hat. Tiere und Pflanzen könnten sonst einen Temperaturschock erleiden.

Winter

Im Winter reduziert sich der Stoffwechsel der Tiere, die im Teich leben, auf ein Minimum. Die Sauerstoffproduktion der Pflanzen nimmt mit dem schwächer werdenden Tageslicht immer mehr ab. Bildet sich Eis auf dem Teich, das gleichzeitig mit einer dicken Schneeschicht bedeckt ist, sollte man vorsichtig den Schnee entfernen, damit die Pflanzen mehr Licht erhalten und sich ihre Sauerstoffproduktion wieder erhöht. Mehr brauchen wir in dieser Jahreszeit für unseren naturnah angelegten Gartenteich nicht zu tun. Jeder unnötige Eingriff schreckt die Teichbewohner aus ihrer Winterruhe und zwingt sie damit zu einem erhöhten Energie- und Sauerstoffverbrauch.

Der Bach im Garten

Bisher wurde bewußt darauf verzichtet, auf technische Geräte wie Pumpen, Filteranlagen u.ä. einzugehen. Dieses Buch möchte den Garten- und Naturfreund vor allem für den naturnahen Teich begeistern, der ohne technische Hilfe lebt. Die Anlage eines solchen Teiches soll aber nicht nur nach biologischen Gesetzmäßigkeiten erfolgen. Wenn also etwa der Rat erteilt wird, den Teich mit einheimischen Pflanzen zu besetzen, muß man nicht auf die eine oder andere exotische Art, die besonders schöne Blüten hat, verzichten.

Somit entspricht auch das folgende Kapitel nicht gänzlich den Ansichten mancher Gartenteichfachleute, die zum Naturteich tendieren und es deshalb kategorisch ablehnen, einen künstlichen Bachlauf, der mittels einer Druckpumpe vom Teichwasser gespeist wird, anzulegen. Durch bewegtes Wasser gelangt zweifellos zusätzlicher Sauerstoff in den Teich. Andererseits geht dabei bei kleineren Teichen die Temperaturschichtung des Wassers verloren, die Teichbewohner geraten in Unruhe, zusätzliche Nährstoffe können ins Teichwasser gelangen und es kann sich, durch den ständigen Kreislauf bedingt, sogar um einige Grade erwärmen. Der Bachlauf hat also zumindest nicht die ihm oft zugeschriebene positive biologische Funktion, sondern ist eher eine Sache für's Gemüt, denn sein Plätschern beruhigt unsere Sinne auf angenehme Weise.

Vor Baubeginn des Gartenteiches sollte überlegt werden, ob man die Kombination von Teich und Bachlauf im Garten will, dann nämlich läßt sich der Teichaushub gleich zu einem Hügel formen, von dem aus das Bachwasser wieder in den Teich gelangt.

Im Grunde genommen ist die technische

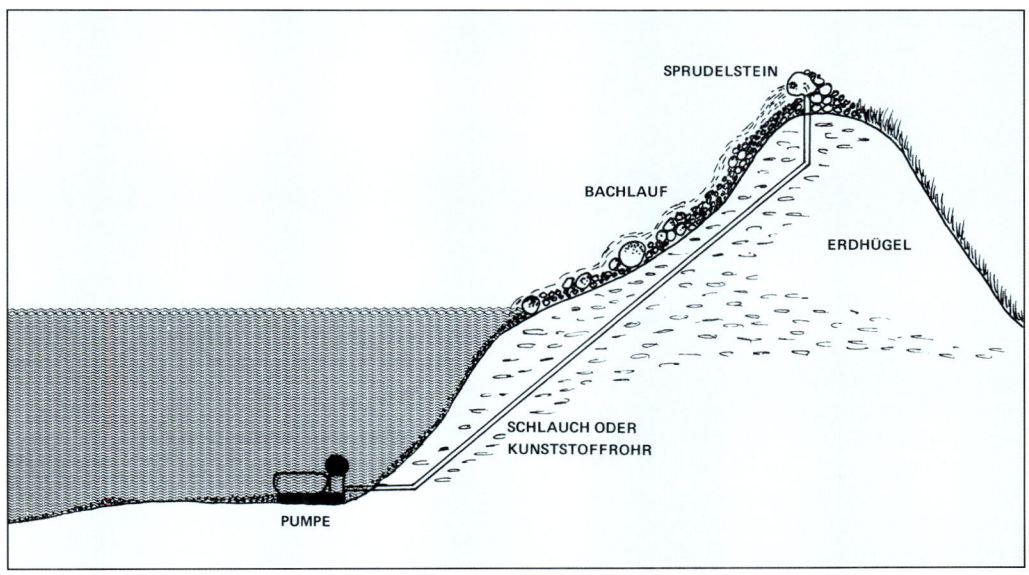

Eine Rohr- oder Schlauchleitung, die vom Teich zum Bachhügel führt, sollte einen möglichst direkten Weg nehmen. Unnötige Windungen im Erdreich beeinträchtigen die Druckleistung der Pumpe.

Bau eines Bachlaufes, der in einen Fertigteich mündet.

Seite hierbei recht einfach. Hauptvoraussetzung ist eine entsprechend abgesicherte Stromquelle, die über ein Stromkabel zu einer im Teich untergebrachten Druckpumpe führt. An die Druckpumpe wird ein stabiler Schlauch angeschlossen und unter dem Bachbett her zur höchsten Stelle geleitet, wo sich die „Bachquelle" – meist in Form eines natürlich aussehenden Sprudelsteines – befindet. Von der „Bachquelle" aus gelangt das hochgepumpte Wasser in den Bachlauf, der wiederum im Gartenteich mündet.

Bachläufe erlauben die verschiedendsten Gestaltungsmöglichkeiten; unserer Phantasie sind hier kaum Grenzen gesetzt. Wird der Bachlauf aus einem Teich gespeist, in dem eine natürliche Entwicklung der Tier- und Pflanzenwelt angestrebt wird, sollten hierfür allerdings nur größere Teichanlagen in Betracht gezogen werden. Des weiteren sollte der Bachlauf keine allzu großen Wege durch den Garten nehmen und nur ein geringes Gefälle mit ruhig fließendem Wasser aufweisen. Bachläufe, die das Umwälzen großer Wassermengen erfordern oder über einen Wasserfall in den Gartenteich münden, sind in diesem Fall ungeeignet.

Bilder auf Seite 89 oben und unten: Die Quelle des Bachlaufes läßt die vielfältigsten Gestaltungsmöglichkeiten zu. Die einfachste Lösung sind durchbohrte Natursteine, wie sie im Fachhandel angeboten werden (oben). Schwieriger ist die Gestaltung einer Quelle, wie sie im unteren Bild gezeigt wird (sie dient hier der Speisung eines kleinen Wasserfalles in einem Tropenhaus). Ähnliche Quellbereiche lassen sich mit Phantasie auch für einen Bachlauf am Gartenteich anlegen. Man muß aber unterhalb des Stein- und Erdhügels für eine entsprechende Abgrenzung mit Folie und anderen Abdichtungsmaterialien sorgen, um die Saugwirkung in Grenzen zu halten. Das ständig mit Wasser versorgte Erdreich läßt zwar die umstehenden Pflanzen prächtig wachsen und das Ganze sehr natürlich erscheinen, andererseits kann dadurch aber der Wasserverlust im Teich erheblich sein.

◄

Wie beim Teichbau müssen auch bei der Anlage eines Bachbettes die Folienmaße mit reichlich Zuschuß berechnet werden. Windungen im Bachverlauf und die Ufergestaltung erfordern oft mehr Folienmaterial, als auf den ersten Blick erkennbar ist.

Natursteine in den unterschiedlichsten Formen und Strukturen sind das ideale Material zur Bachgestaltung. Hier wurde das Bachbett mit Lochsteinen begrenzt und mit Kieseln aufgefüllt.

▼

Weitere Feuchtbiotope im Garten

Der Wiesengraben

Während der Bachlauf im Garten aus biologischen Gründen umstritten und seine Anlage mit einer Menge Arbeit verbunden ist, läßt sich ein Wiesengraben recht problemlos in die Gartenlandschaft integrieren. In manchem Kleingarten, in dem der Platz für einen Gartenteich fehlt, wird er vielleicht ganz an dessen Stelle treten. Der Wiesengraben benötigt im Gegensatz zum Bachlauf kein abschüssiges Gelände, sondern verläuft auf einer Ebene. Um diese beim Ausschachten auf ganzer Länge zu erreichen, sollte auf eine Schlauch- oder Wasserwaage nicht verzichtet werden. Mit einer Wassertiefe von 20 – 30 cm (je nach Art der Bepflanzung) wird der Wiesengraben wesentlich flacher angelegt als ein Gartenteich. Unterschiedliche Tiefenbereiche müssen nur dann geplant werden, wenn es besondere Pflanzenarten erfordern. Als Abdichtungsmaterial wird in der Regel wiederum eine normale Teichfolie dienen, wobei die nach oben gebogenen Folienenden eine allzu starke Saugwirkung aus den angrenzenden Uferbereichen verhindern sollen.

Der Wiesengraben besteht im Endeffekt aus zwei wesentlichen Elementen: dem ständig wasserführenden Bereich entlang der Mittellinie und den nach oben hin trockener werdenden Uferbereichen. Ansonsten bleibt sein Verlauf im Garten unserem Geschmack überlassen. Durch seine unterschiedlichen Standortverhältnisse ist der Wiesengraben der ideale Platz für viele attraktive Pflanzenarten. Man muß allerdings darauf gefaßt sein, daß ein künstlich angelegter Wiesengraben trotz Kapillarsperre in den heißen Sommermonaten große Mengen Wasser aufsaugen und verdunsten wird. Um diese Wasserverluste auf recht natürliche (und billige) Weise auszugleichen, wäre dann eine Regenwasserzufuhr aus einer normalen Sammeltonne (s. Abbildung) ideal.

❶ Regenwasserfaß
❷ Schlauch
❸ Einlaufbereich
(durch Steine o.ä. so gestalten, daß das Schlauchende frei liegt und nicht verstopft werden kann)
❹ Folie
❺ wasserführender Grabenbereich
❻ feuchter Uferbereich

Einige Pflanzenarten für den wasserführenden Grabenbereich

Deutscher Name/ Botanischer Name	Blütezeit/ Farbe	Standort/ Wassertiefe	Wuchshöhe
Bachminze *Mentha aquatica*	VII – IX lilaweiß	sonnig bis 10 cm	80 – 130 cm
Gemeine Seekanne *Nymphoides peltata*	VI – IX gelb	sonnig mindestens 20 cm	
Gewöhnlicher Froschbiß *Hydrocharis morsus-ranae*	VI – VIII weiß	sonnig mindestens 10 cm	
Schwanenblume *Butomus umbellatus*	VI – VIII rötlichweiß	sonnig 5 – 20 cm	80 – 130 cm
Sumpfdotterblume *Caltha palustris*	IV – V gelb	sonnig bis 10 cm	bis 40 cm
Sumpfkalla *Calla palustris*	V – VI weiß	sonnig 5 – 10 cm	15 – 20 cm
Wasser-Hahnenfuß *Ranunculus aquatilis*	VI – VIII weiß	sonnig/halbschattig 5 – 20 cm	

Einige Pflanzenarten für den Uferbereich

Deutscher Name/ Botanischer Name	Blütezeit/ Farbe	Standort	Wuchshöhe
Blutweiderich *Lythrum salicaria*	VI – VIII rosa	sonnig/halbschattig	80 – 150 cm
Europäische Trollblume *Trollius europaeus*	IV – VI gelb	sonnig/halbschattig	30 – 40 cm
Kriechender Günsel *Ajuga reptans*	IV – VIII blau	sonnig/halbschattig	bis 25 cm
Kuckucks-Lichtnelke *Lychnis flos-cuculi*	III – V rosa	sonnig/halbschattig	30 – 80 cm
Pfennigkraut *Lysimachia nummularia*	V – VII gelb	sonnig/halbschattig	ca. 2 cm starke Verbreitung
Rauhhaariges Weidenröschen *Epilobium hirsutum*	VI – IX rotviolett	sonnig	bis 120 cm

Deutscher Name/ Botanischer Name	Blütezeit/ Farbe	Standort	Wuchshöhe
Sumpf-Kreuzblümchen *Polygala amarella*	V – VIII blau	sonnig	bis 20 cm
Sumpf-Veilchen *Viola palustris*	V – VI violett	sonnig	bis 5 cm
Sumpf-Vergißmeinnicht *Myosotis palustris*	VI – IX blau	sonnig/halbschattig	20 – 30 cm
Wasser-Schwertlilie *Iris pseudacorus*	V – VI gelb	sonnig/halbschattig	60 – 80 cm
Wiesenknöterich *Polygonum bistorta*	IV – V rosa	sonnig/halbschattig	40 – 100 cm
Wiesenschaumkraut *Cardamine pratensis*	VI – IV weißrosa	sonnig/halbschattig	bis 40 cm
Wiesen-Schwertlilie *Iris sibirica*	V – VI blauviolett	sonnig	50 – 60 cm

Trollblume

Die Feuchtwiese

Feuchtwiesen in der Natur

Leider gehören auch die Feuchtwiesen zu jenen bedrohten Naturlandschaften, die heute nur noch selten anzutreffen sind. Mit ihnen verschwinden Vogelarten, wie der Raubwürger, die Bekassine oder der große Brachvogel, die in diesen stets bodennassen Arealen ihre Heimat haben.

Viele Feuchtwiesen (Streu- oder Riedwiesen) verdanken ihre Existenz der Landwirtschaft; die einst dort angesiedelten Moorwälder wurden von den Bauern gerodet, um Streuland zu gewinnen. Durch die herbstliche Mahd begünstigt, breitete sich hier eine einzigartige, farbenprächtige Blumenlandschaft aus. Großblütiger Enzian, Gelbe Narzisse, Schachbrettblume oder Sibirische Schwertlilie sind nur einige ihrer botanischen Kostbarkeiten. Heute hat Einstreu für die Stallungen der modernen Landwirtschaft keine Bedeutung mehr. Viele Riedwiesen verbuschen wegen der jetzt fehlenden Mahd. Sie verlieren ihren ursprünglichen Charakter, der sich nur unter einer extensiv betriebenen Nutzung entwickeln konnte. Auf den im Herbst gemähten Flächen blühten, sobald der Frühling Einzug hielt, kleinerwüchsige, grazile Pflanzen, wie die Gelbe Narzisse, die Sumpfdotterblume oder die Schachbrettblume, und ihre Samen konnten reifen, ehe sie von den nachwachsenden Hochstaudenarten – wie Mädesüß oder Echter Baldrian – verdrängt wurden.

Wie eine Feuchtwiese in unserem Garten entsteht

Staunasse, nährstoffreiche Böden sind die natürlichen Fundamente für Feuchtwiesen in der Natur. Von kurzzeitigen Überflutungen oder extremen Trockenperioden im Hochsommer abgesehen, stehen die Pflanzen hier mit den Wurzeln stets im Naßbereich. In den seltensten Fällen wird sich unser Garten als ein Terrain erweisen, in dem solche Standortbedingungen bereits vorhanden sind. Man wird also, wie beim Teichbau, gezwungen sein, zum Spaten zu greifen, um eine Grube auszuheben. Der einzige Vorteil gegenüber dem Ausheben

Das Anlegen einer Feuchtwiese mit Wasserspeichern

❶ Umgestülpte, durchlöcherte Gefäße als Wasserspeicher
❷ Folie
❸ Erdreich
❹ Kapillarsperre

beim Teichbau ist vielleicht darin zu sehen, daß die Feuchtwiesen-Grube weder besonders gestalteter Randbereiche noch unterschiedlicher Tiefenzonen bedarf. Ein durchgehender Tiefenbereich von etwa 50 cm ist hier die Regel. Selbst wenn Sie beim Ausschachten das Glück haben, auf eine natürliche Ton- oder Lehmschicht zu stoßen, sollten Sie diese sorgsam auf ihre Dicke und Konstanz untersuchen und ggf. versuchen, sie mit einem Stampfer zu verdichten. Der Untergrund für eine Feuchtwiese braucht nicht hundertprozentig wasserdicht zu sein, aber insgesamt gesehen ist die Wasserverdunstung bei einer solchen Anlage schon von den biologischen Gegebenheiten her enorm, so daß man versuchen muß, das Ganze von außen her bestmöglich abzudichten.

Der Regelfall für das Anlegen einer Feuchtwiese im Garten wird also die Verwendung einer normalen Teichfolie sein, die trotz aller ökologischen Unzulänglichkeiten auch das Höchstmaß an Abdichtungsvermögen garantiert. Man kann, wenn es die Gegebenheiten erlauben, natürlich auch einen Gartenteich mit einer angrenzenden Feuchtwiese planen und das Ganze mit einem Folienstück realisieren. Der Wiesenbereich wird dann entsprechend flacher ausgeschachtet und später mit Erdreich wieder aufgefüllt. Bei der Planung einer solchen Anlage muß man aber wiederum an die enorme Saug- und Verdunstungswirkung der Feuchtwiese denken. In einem

Mädesüß

Grünwidderchen an der Sumpf-Kratzdistel.

heißen und trockenen Sommer wird man dann ständig gezwungen sein, den Teich mit Wasser aufzufüllen.

Bleibt also die separate Feuchtwiesen-Anlage, bei der man mit Hilfe von „Wasserspeichern" das Bewässerungsproblem am besten lösen kann. Diese „Wasserspeicher" sollen auch noch bei der Anlage eines Gartenmoores eine besondere Rolle spielen. Sie bestehen im Prinzip aus nichts anderem, als aus (gut gereinigten) Plastikgefäßen (Kanister, umgestülpte Eimer, kleinere Wannen, Pflanztöpfe usw.), die man von allen Seiten etwa fingerdick durchlöchert (Bohrmaschine). Umgestülpt auf die Folie gestellt oder je nach Form auch flach daraufgelegt, erfüllen sie die Funktion eines Regenwasser-Reservoirs, aus dem die gesamte Anlage durch Kapillarwirkung (Dochtwirkung) bedingt, bewässert wird. Es ist klar, daß hier zur Kunststoff-Folie auch noch die Kunststoff-Behälter kommen – alles andere, als eine naturgemäße Lösung. Aber wenn wir bedenken, daß in einer natürlichen Feuchtwiese im Wurzelbereich der Pflanzen eine ziemlich konstante Staunässe vorherrscht, die zu ihrem Gedeih erforderlich ist, werden wir uns überlegen müssen, wie wir ähnliche Bedingungen in unserem Garten auf kleinem Raum erreichen können. Eine andere Möglichkeit der Bewässerung wäre die aus einer Regentonne über eine Schlauchverbindung (s. vorheriges Kapitel „Der Wiesengraben"). Bei einer Entscheidung für die „Wasserspeicher"-Methode muß man beim Ausschachten der Grube natürlich die Höhe der zur Verfügung stehenden Plastikgefäße berücksichtigen. Letztendlich sollte die Erdauflage darüber wenigstens 30 cm betragen. Dem hohen Nährstoffaufkommen in einer Feuchtwiese entsprechend können wir hierzu möglicherweise gleich wieder unseren Aushub verwenden, etwa wenn es sich dabei um ein lockeres Kompost-Mutterboden-Gemisch handelt.

Bepflanzung

Dabei spielt zunächst die Größe unserer Anlage eine bedeutende Rolle. Wir müssen berücksichtigen, daß es in der Feuchtwiesen-Vegetation einige Pflanzenarten gibt, die uns buchstäblich über den Kopf wachsen können. Andere, wie etwa der Wiesenknöterich, können sich im Laufe der Zeit so stark verbreiten, daß sie bald die ganze Gartenfeuchtwiese beherrschen. Des weiteren muß man auf die individuellen Blütezeiten der Pflanzenarten achten. Grazile Frühjahrsblüher, wie etwa das Gefleckte Knabenkraut, dürfen nicht von der rasch nachwachsenden Hochstaudenflora in Bedrängnis gebracht werden.

Geeignete Pflanzzeiten:
Frühjahr oder Herbst

Mahd: einmal im Herbst (nach Abschluß der Samenreife) mit der Sense oder Sichel

Natürliche Feuchtwiesenvegetation mit Storchschnabel und Wiesenknöterich.

Pflanzenarten für die Garten-Feuchtwiese

Deutscher Name/ Botanischer Name	Blütezeit/ Farbe	Standort	Besonderes/ Vermehrung
Bach-Nelkenwurz *Geum rivale*	V – VI rotbraun	halbschattig	Teilung/ Aussaat
Blutweiderich *Lythrum salicaria*	VII – VIII rosa	sonnig/halbschattig	Stecklinge
Breitblättriges Knabenkraut *Dactylorhiza majalis*	V – VI rot	sonnig/halbschattig	Brutknollen
Echter Baldrian *Valeriana officinalis*	VI – VII weiß	sonnig	bis 2 m hohe Pflanze
Echte Sumpfwurz *Epipactis palustris*	VI – VII grünweiß	sonnig/halbschattig	Aussaat
Europäische Trollblume *Trollius europaeus*	IV – VI gelb	sonnig/halbschattig	Teilung/ Aussaat
Flatter-Binse *Juncus effusus*	VI – VIII	sonnig/halbschattig	
Geflecktes Knabenkraut *Dactylorhiza maculata*	VI – VIII weißrosa	sonnig/halbschattig	Brutknollen
Gelbe Narzisse *Narcissus pseudonarcissus*	III – IV	sonnig/halbschattig	
Gewöhnlicher Gilbweiderich *Lysimachia vulgaris*	VII – VIII gelb	sonnig/halbschattig	bis 2 m hohe Pflanze
Großblütiger Enzian *Gentiana clusii*	VI – VIII blau	sonnig	Seitentriebe/ Aussaat
Herbstzeitlose *Colchicum autumnale*	VIII – X lila	sonnig	
Kuckucks-Lichtnelke *Lychnis flos-cuculi*	III – V rosa	sonnig/halbschattig	Teilung/ Aussaat
Lungenenzian *Gentiana pneumonanthe*	VII – IX dunkelblau	sonnig	Teilung
Mädesüß *Filipendula ulmaria*	VII – VIII weiß	sonnig/halbschattig	bis 1,8 m hohe Pflanze

Deutscher Name/ Botanischer Name	Blütezeit/ Farbe	Standort	Besonderes/ Vermehrung
Prachtnelke *Eleocharis superbus*	VI – IX weißrosa	halbschattig	Aussaat
Scharfer Hahnenfuß *Ranunculus acris*	VI – Ix gelb	sonnig/halbschattig	Teilung/
Schachbrettblume *Fritillaria meleagris*	IV – V rotbraun	sonnig	Tochterzwiebeln
Schwalbenwurz-Enzian (Blaublühender) *Gentiana asclepiadea*	VII – IX blau	halbschattig	Seitentriebe
Schwalbenwurz-Enzian (Weißblütiger) *Gentiana asclepiadea*	VII – IX weiß	sonnig/halbschattig	Seitentriebe
Schwarzviolette Akelei *Aquilegia atrata*	V – VI rotbraun	sonnig/halbschattig	Teilung/ Aussaat
Sumpfdotterblume *Caltha palustris*	IV – V gelb	sonnig/halbschattig	Seitentriebe/ Aussaat
Sumpf-Herzblatt *Parnassia palustris*	VII – IX weiß	sonnig	Teilung/ Aussaat
Sumpf-Iris *Iris lacustris*	IV – V blau	sonnig/halbschattig Randbereich	Teilung/ Seitentriebe
Sumpf-Kratzdistel *Cirsium palustre*	VII – IX rot	sonnig/halbschattig Randbereich	bis 1,5 m hohe Pflanze
Sumpf-Storchschnabel *Geranium palustre*	V – VIII rotviolett	halbschattig	Teilung/ Aussaat
Wiesenknöterich *Polygonum bistorta*	IV – V rosa	sonnig/halbschattig	bildet oft große Bestände
Wiesenschaumkraut *Cardamine pratensis*	VI – IV weißrosa	sonnig/halbschattig	Aussaat/ Ausläufer
Wiesen-Schwertlilie *Iris sibirica*	V – VI blauviolett	sonnig	Teilung
Sumpf-Wolfsmilch *Euphorbia palustris*	V – VII gelb	sonnig/halbschattig	Aussaat/ bis 1,2 m hoch

Moore im Garten und in der Natur

Moore –
bedrohte Naturlandschaften

Während die Entstehung der ersten Moore auf der Erde schon vor etwa 400 Millionen Jahrer begann, sind unsere heimischen Moore, als Relikte der letzten Eiszeit, nur ganze 15 000 Jahre alt. Die zurückweichenden Gletscher hatten jenes Terrain hinterlassen, auf dem sich Moore bilden können: flache Mulden, in denen sich Schmelzwasser sammelte und die ersten Pflanzen zu siedeln begannen. Da in dem sauerstoffarmen Wasser nur wenige Mikroorganismen existieren konnten, wurden auch die abgestorbenen Pflanzenreste nur unvollständig abgebaut. Sie vermischten sich mit Sand und bildeten durch den entstehenden Faulschlamm eine wachsende Sedimentschicht am Gewässergrund. Auf ihr siedelten im Boreal, der nacheiszeitlichen Wärmezeit, mit Seggen, Schilfstauden und Binsen die ersten höherwüchsigen Pflanzen. Auch ihre Reste wurden im schlammigen Grund nur teilweise zersetzt; der See begann vom Rand her allmählich zu verlanden. Moorbirken, Weiden, Faulbaumgebüsche und Krüppelkiefern eroberten das nasse Neuland; aus ihren Wurzeln, Stämmen und Zweigen entstand der spätere „Bruchwaldtorf". In dieser Phase war aus dem einstigen See ein Niedermoor geworden. Es wurde weiterhin vom Grundwasser gespeist, doch in kühlen und niederschlagsreichen Regionen begannen nun einige

Großflächig angelegte Gartenmooranlage in der Spezialgärtnerei Erich Maier, Altenberge bei Münster.

Moore haben sich oft auf verlandenden Seen angesiedelt.

Moore über den Grundwasserspiegel hinauszuwachsen. Diese Hochmoore verdanken ihre Entstehung und Entwicklung einer Reihe unscheinbarer Pflanzen, den *Sphagnum*- oder Bleichmoosarten. Sie besitzen die Fähigkeit, Niederschlagswasser bis zum 25fachen ihres Eigengewichtes aufzusaugen und zu speichern. Wie allen Moosarten fehlen ihnen Wurzeln, mit denen höher entwickelte Pflanzen Nährstoffe und Wasser aus dem Boden aufnehmen. Sie leben ausschließlich von den wenigen Mineralstoffen, die in der Luft oder in atmosphärischen Niederschlägen vorkommen. Während ihre Köpfe nach oben hin unentwegt weiterwachsen und sich verzweigen, sterben sie im Basisbereich gleichermaßen ab und bilden mit diesen unvollständig zersetzten Pflanzenresten den späteren Hochmoortorf.

Unter den verschiedenen Moortypen, die in klimatisch geeigneten Regionen fast überall auf der Erde zu finden sind, gehören die Hoch- und Niedermoore zu den be-

kanntesten. Während das Niedermoor mit seinem nährstoffreichen Milieu vielen Tier- und Pflanzenarten als Lebensraum dient, ist das an Nährsalzen arme, von hohen Temperaturschwankungen beeinflußte Hochmoor eine Region für nur wenige „Spezialisten" in der Tier- und Pflanzenwelt. Vor allem das karge Stickstoffaufkommen macht vielen Pflanzen zu schaffen; einige, wie die heimischen Sonnentau-, Fettkraut- und Wasserschlauch-Arten, haben sich deshalb zu Insektenjägern entwickelt und verschaffen sich auf diese Weise eine Zusatzkost (s. „Karnivoren – faszinierende Sonderlinge unter den Pflanzen").

Andere Hochmoorpflanzen, wie die Rosmarinheide *Andromeda polifolia,* ertragen den Nährstoffmangel nur durch eine Symbiose, die sie mit Wurzelpilzen eingegangen sind. Diese Wurzelpilze binden den Stickstoff aus der Luft und geben ihn dann zum Teil an die Pflanze weiter. Da es im unwirtlichen Hochmoor nur wenige blütenbestäubende Insekten gibt, versucht die

Moose – Baumeister der Hochmoore.

Hochmoorlandschaft im belgischen Hohen Venn.

Fliege am Rundblättrigen Sonnentau.

Moosbeere *Oxycoccus quadripetalus* dieses Defizit durch eine besonders lange Blütezeit von sechs Wochen auszugleichen. Lange Trockenperioden im Sommer übersteht das Sumpfläusekraut *Pedicularis palustris* besser als andere Hochmoorarten. Als Halbparasit hat sich die grazile Pflanze mit ihren Saugwurzeln an das Wasserleitungsgewebe umstehender Gräser angeschlossen.

Im zentralen Hochmoor gibt es kaum Wirbeltiere und nur wenige Insektenarten, die dort überleben können. In den sauren Moorgewässern finden sich weder Muscheln noch Schnecken, da sie hier den zum Aufbau ihrer Gehäuse notwendigen Kalk nicht finden. Etwas stärker belebt sich

die Tierwelt der Hochmoore an den Randbereichen. Hier, in den trockener werdenden Regionen, trifft man mitunter auf die Mooreidechse *Lacerta vivipara* oder die Kreuzotter *Vipera berus.* Zunehmend werden die noch verbliebenen Hochmoorflächen auch zum Rückzugsgebiet für seltene Vogelarten, die aus ihren angestammten Lebensräumen vertrieben wurden, wie den Großen Brachvogel, das Birkhuhn, den Kranich und den Wiesenpieper.

Die endlose, menschenleere Weite der Moore ist heute längst zur Legende geworden, denn als Lebensräume mit ineinandergreifenden Bedürfnissen von Tieren und Pflanzen reagieren Moore auf menschliche Eingriffe hochsensibel. Intensive Landwirt-

Früchte der Moosbeere.

Sumpfläusekraut

Rosmarinheide

schaft in ihren Randgebieten bringt durch Einschwemmung und auf dem Luftweg unverträglich große Mengen Mineraldünger in eine Landschaft, in der sich eine auf karge Kost eingestellte Pflanzenwelt bisher behauptet hat. Fremde Pflanzengesellschaften beginnen sich auszubreiten und verdrängen die Hochmoorflora. Etwa jede zweite Moorpflanze steht heute auf der Roten Liste der bedrohten Arten. Unsere Gartenmoore dürfen nicht die letzten Standorte werden, in denen sie als Nachzuchten zu bewundern sind!

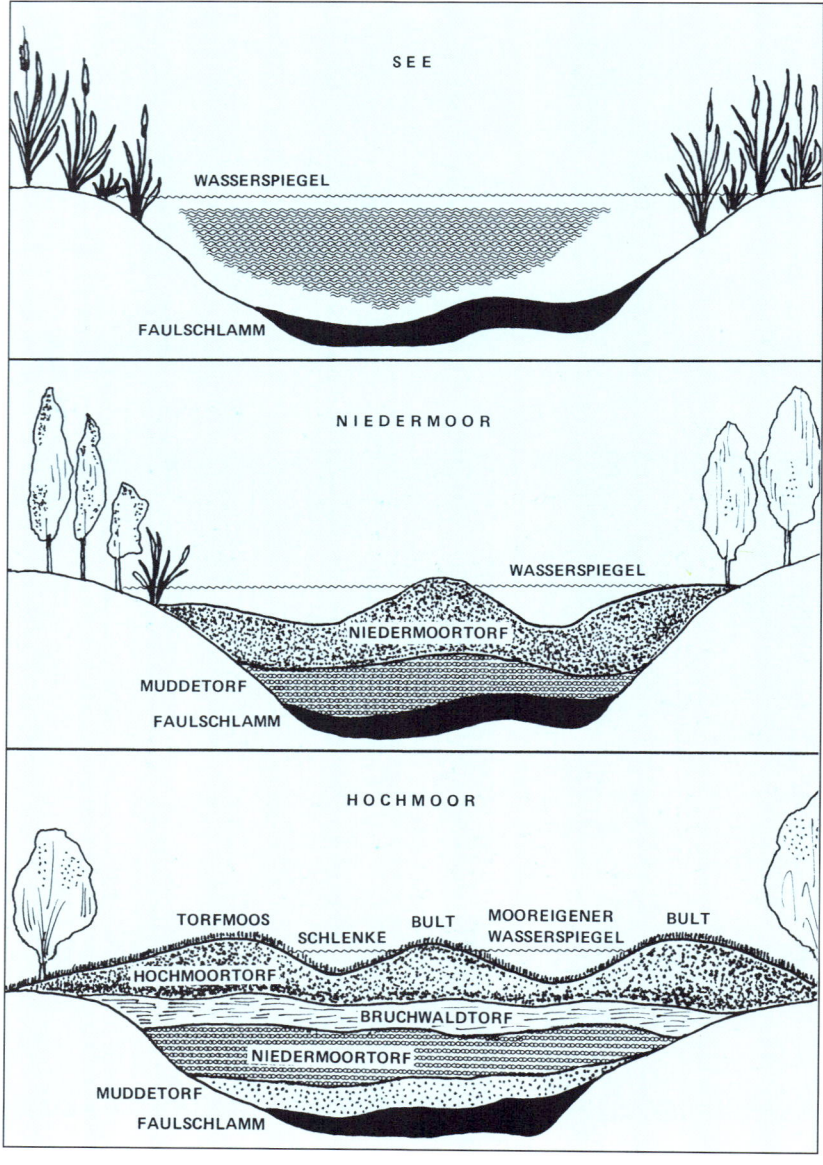

Schema der Entwicklung vom verlandenden See zum Hochmoor.

Torf, der Stoff
aus dem die Moore sind

Bei einem Autor, der seine Leser ermuntern möchte, sich ein künstliches Hochmoor im Garten anzulegen, und dem das Schicksal unserer bedrohten natürlichen Moore keinesfalls gleichgültig ist, stellt sich beim Thema „Torf" ein zwiespältiges Gefühl ein. Er ist sich bewußt, daß die moderne maschinelle Abtorfung faszinierende Moorlandschaften binnen kürzester Zeit in leblose Wüsten verwandelt. Falls ihre Renaturierung überhaupt möglich und finanzierbar ist, werden uns diese Landstriche nur noch entfernt an die einstige Urform erinnern.

98 Prozent unserer ursprünglich vorhandenen Moore sind heute in landwirtschaftlich genutzte Flächen verwandelt, abgetorft oder in der Abtorfung begriffen. Jährlich werden etwa 6 Millionen m^3 Weißtorf und 5 Millionen m^3 Schwarztorf auf einer Gesamtfläche von 350 km^2 abgebaut.

Aus Schwarztorf (die unteren Torfschichten der Hochmoore) wird heute Aktivkohle hergestellt, ein wichtiger Bestandteil besonders wirkungsvoller Filteranlagen für Forschung und Industrie. Schwarztorf ist zudem unentbehrlich für Heilbäder und die Herstellung spezieller Medikamente in der Pharmazie.

8,6 Millionen m^3 des gesamten geförderten Torfs aber verbraucht der Gartenbau. Hiervon verarbeiten gewerbliche Gärtne-

Torfabbau heute – in einem Moor im Münsterland.

Diese Kuh steht auf „kultiviertem" Moorland; vor wenigen Jahren blühten an dieser Stelle noch Lungenenzian und Sonnentau. Im Hintergrund erhebt sich eine Torfhalde.

reien und kommunale Landschaftsgärtner 40 Prozent, 60 Prozent gehen in die Privatgärten.

Torf im Garten garantiert gute Wasserspeicherung, sorgt für eine ausgewogene Nährstoff- und Wasserabgabe, verbessert die Humusbildung und lockert die Erde auf. Gleichzeitig aber macht er den Boden sauer, er verrottet schnell und muß Jahr für Jahr neu eingebracht werden. Torf wird auch heute noch vielfach unbedacht verbraucht. Mitschuldig daran sind sein geringer Preis und das massenhafte Anbieten in Gartencentern, speziell zu den Pflanzzeiten im Frühjahr und im Herbst. Bei vielen Gartenbesitzern entsteht so der Eindruck, Torf sei ein billiges Naturprodukt, das in unbegrenzter Menge zur Verfügung steht. Dabei reichen die Gesamtvorräte in Deutschland schätzungsweise nur noch 50 Jahre. Wenn also in diesem Buch das Anlegen von

Gestörtes Hochmoor – das Pfeifengras hat die Moorflora verdrängt.

künstlichen Mooren im Garten empfohlen wird, für die als Grundlage ungedüngter Torf unumgänglich ist, sei hier die eindringliche Bitte erlaubt, auch über seine weitere Verwendung in unseren Gärten nachzudenken. Seine Bedeutung für unsere Gartenbeete wird vielfach überschätzt. Heute können eine Reihe organischer oder nichtorganischer Stoffe, wie Strohkompost, Rindenprodukte oder Styromull, den gleichen Zweck wie Torf erfüllen; einige sogar besser. Streben wir also beim Anlegen unseres Moores an, möglichst wenig Torf zu verbrauchen! Wichtigste Voraussetzung ist hierfür eine Reihe umgestülpter Gefäße, auf die später noch ausführlich eingegangen wird. Sie sollten etwa 60 Prozent des Volumens unseres Moores ausmachen und durch Kapillarwirkung bedingt, die Anlage dauerhaft bewässern. Künstliche Moore im Garten können letztlich kein Ersatz für verlorengegangene natürliche Moorlandschaften sein. Schönheit und Pflanzenvielfalt der Moore aber werden durch sie in kleinem Maße in unsere Gärten übertragen und können dazu dienen, Verständnis für die bedrohte Natur zu wecken und zu fördern.

Ein Bach im Hochmoor mit üppiger Ufervegetation.

Wie ein „Hochmoor" in unserem Garten entsteht

Schon wegen des Torfverbrauchs kann das Anlegen einer allzu großen Mooranlage im Garten nicht empfohlen werden. Denn während ein Gartenteich in beschränktem Maße als ausgleichendes Element für den Verlust natürlicher Kleingewässer angesehen werden kann (schon heute ist die Gesamtfläche aller Gartenteiche größer als die vergleichbarer Naturlebensräume), wird ein angelegtes Moor nie ein natürliches ersetzen können; bedrohten Moortieren etwa bringt ein Gartenmoor keinerlei Nutzen. Es ist unmöglich und wäre unverantwortlich, bedrohte Moortiere, wie etwa den Moorfrosch *Rana arvalis,* im Gartenmoor einzusetzen, weil man seinen komplizierten Lebensansprüchen hier einfach nicht gerecht werden kann.

Ein angelegtes „Hochmoor" mit einem kleinen Moorweiher.

Nur unter starker Sonneneinstrahlung entwickelt der Mittlere Sonnentau seine ganze Pracht.

Das Gartenmoor bleibt also den Pflanzen vorbehalten. Sie sollen uns mit ihrer Blütenpracht und mit ihren oft ungewöhnlichen Erscheinungsformen erfreuen. Ihre Lebensräume in der Natur wie im Gartenmoor können sehr unterschiedlich und vielfältig sein; fast alle Moorpflanzen aber sind ausgesprochen sonnenhungrig.

- Der sonnigste Platz im Garten ist deshalb auch der geeignete Standort für unsere Gartenmooranlage.

- Das Moor sollte gleichzeitig an einer Stelle liegen, an der der Wind nicht ungebremst von allen Seiten wehen kann (viele Moorpflanzen, spez. einige Karnivoren-Arten, sind grazile Gewächse, die leicht beschädigt werden können oder abbrechen).

- Der Regen, als lebensspendendes Element des Moores, darf nicht durch Baumkronen o.ä. abgehalten werden.

- Fallaub, Pollen und Nadeln, die von umstehenden Sträuchern und Bäumen einwehen, verunreinigen und beschädigen empfindliche Pflanzen (wie etwa die Sonnentau-Arten) und reichern das Moor mit Nährstoffen an. (Hierauf reagiert das Gartenmoor noch weitaus empfindlicher als ein Gartenteich).

Der Standort ist also unter Berücksichtigung der wichtigsten Voraussetzungen gewählt; der Bau kann beginnen. Eine handelsübliche Teichfolie zwischen 0,5 und 1 mm Stärke (je nach Größe der Anlage) bildet den Untergrund. Ob dabei PVC-, PE- oder Kautschuk-Folien Verwendung finden sollen, ist wie beim Gartenteich eine mehr oder weniger strittige Frage, die auch hier nicht generell beantwortet werden kann. Schon aufgrund der relativ geringen Tiefe eines Gartenmoores darf aber angenommen werden, daß zumindest kleinere Anlagen in strengen Wintern bis zum Grund

durchfrieren werden. Frostbeständigkeit ist also ein wichtiger Faktor, auf den beim Kauf der Folie geachtet werden sollte.

Im Gegensatz zum Gartenteich erfordert das Gartenmoor keine unterschiedlichen Tiefenbereiche. Die Moorgrube verläuft also am Grund auf einer Ebene. Auch die Gesamttiefe ist im allgemeinen geringer als beim Gartenteich.

- Die Moorgrube muß so tief ausgeschachtet werden, daß die zur Verfügung stehenden Wasserspeicher (umgestülpte Plastikkanister, Blumenkübel, Plastikeimer) in ihr untergebracht werden können. Zusätzlich berechnet werden muß die obere Torfauflage, die etwa eine Höhe von 10 – 15 cm über dem Rand des höchsten Gefäßes haben sollte.

- Das Gartenmoor darf nach der Randbefestigung keinesfalls unter dem übrigen Gartenniveau liegen, da sonst überschüssiges Regenwasser, vermischt mit Mine-

Die Randeinfassung trennt das Gartenmoor vom übrigen Gartenbereich.

ralien und Gartenerde, aus dem Umfeld ins Moor gespült wird.

Damit ist eigentlich schon erklärt, warum der Randeinfassung und -gestaltung besondere Aufmerksamkeit gewidmet werden sollte. Sie muß das Gartenmoor dauerhaft vom übrigen Gartenbereich abgrenzen und isolieren. Am besten eignen sich für die Randeinfassung Natursteine, aber auch Hölzer, die allerdings nicht chemisch präpariert sein dürfen (wie etwa Eisenbahnschwellen). Die folgenden Beispiele sollen im Querschnitt das Prinzip der Randbefestigung deutlich machen, die im übrigen wiederum eine Sache des persönlichen Geschmacks oder der Anpassung an das Gesamtbild Ihres Gartens ist. Denken Sie bei der Randgestaltung aber zugleich auch an die spätere Randbepflanzung, die außerhalb des Moores liegt. Ein Gartenmoor umgeben von üppiger Blütenpracht würde die zarten Moorpflanzen „ersticken". Heidekraut-Arten, Farne und Gräser etwa sind weniger dominierend und passen sich dem Moorcharakter besser an.

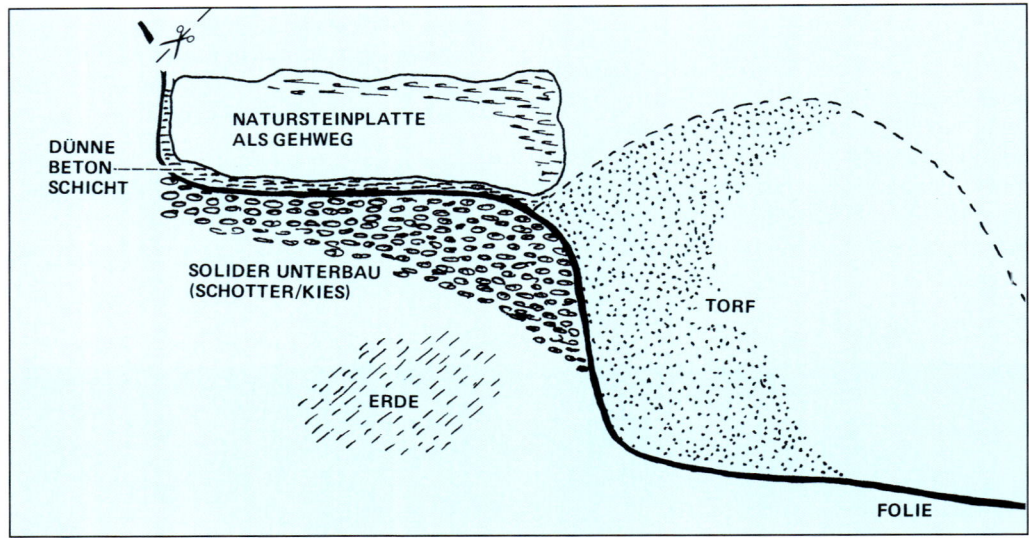

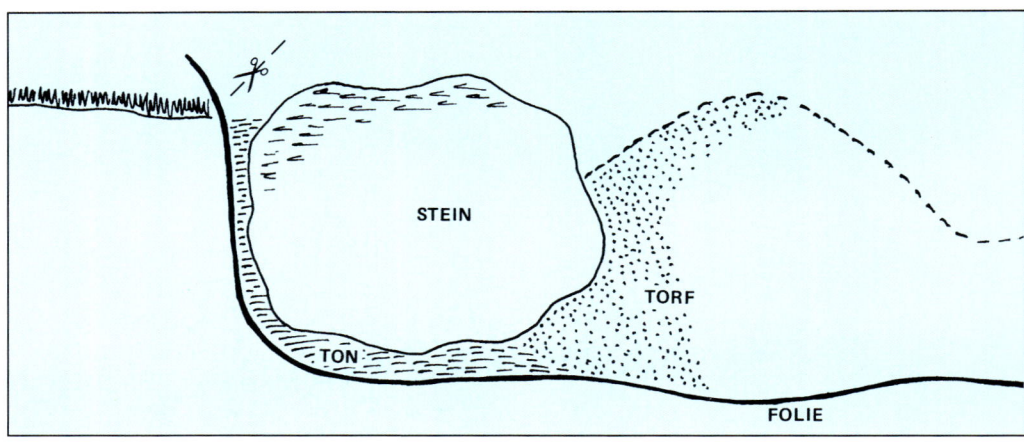

Beispiele für die Randgestaltung eines Gartenmoores.

Bau eines Gartenmoores in Hanglage. – Die Randgestaltung mit Natursteinen bildet einen optisch gelungenen Rahmen und verhindert gleichzeitig das Eindringen von nährstoffreicher Gartenerde.

Die Wasserspeicher

Den Wasserspeichern kommt die wichtigste Funktion im Gartenmoor zu. Sie sollten in einer Menge eingebracht werden, daß sie etwa 60 Prozent des Volumens der Moorgrube ausmachen. Stellen Sie also geeignete Gefäße (die frei von chemischen Resten, Fetten und anderen Fremdstoffen sein müssen) zur Probe auf die Folie. Sind nicht genügend vorhanden, besorgen Sie sich weitere, denn sie sind schließlich der Garant dafür, daß das Moor auch in Trockenperioden dauerhaft bewässert wird. Die Gefäße werden nun von allen Seiten mit zahlreichen (etwa fingerdicken) Löchern versehen. Für diese Arbeit eignet sich am besten eine Bohrmaschine.

Um später eine „natürliche Moorlandschaft" modellieren zu können, ist es erforderlich, verschieden hohe Gefäße zu verwenden. (Sie können auch hohe Kanister halbieren und mit der aufgeschnittenen Seite auf der Folie plazieren). Bringen Sie die Behälter in kleinen Gruppen mit gleich hohen Gefäßen unter, und machen Sie sich dabei schon Gedanken über die spätere Bepflanzung. Über den niedrigeren Behältern werden die wasserführenden Schlenken entstehen, über den höheren Behältern die etwas trockeneren Bulte.

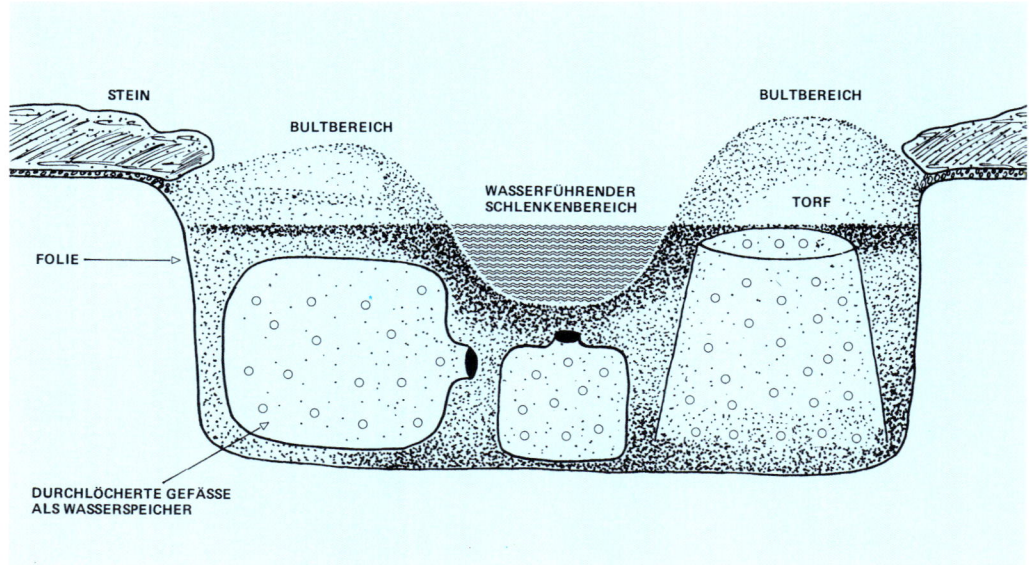

Querschnitt durch ein kleines Gartenmoor. Durchlöcherte Gefäße mit unterschiedlicher Höhe übernehmen die Funktion der Wasserspeicher und ermöglichen die Gestaltung von Bult- und Schlenkenbereichen.

Einbringen des Torfes – Gestaltung

Beim Anlegen eines Gartenmoores darf nur reiner Hochmoortorf verwendet werden. Sämtliche Torf-Mischprodukte, die im Gartenfachhandel angeboten werden, sind ungeeignet.

Trockener Torf hat die unangenehme Eigenschaft, sich mit Wasser nur zögernd zu verbinden; er schwimmt auf. Er muß deshalb, bevor er in die Moorgrube eingebracht wird, ggf. mit Regenwasser angefeuchtet werden. Bei kleineren Mooranlagen kann man danach so vorgehen, daß man den Torf zunächst in kleineren Mengen in der mit den Plastikgefäßen bestückten Grube verteilt und ihn zwischen den Behältern festdrückt. Danach sollte man ihn wiederum aus einer mit Regenwasser gefüllten Gießkanne befeuchten (keinesfalls so stark, daß ein Torfbrei entsteht, der „davonläuft"). Bei der nächsten Torfauflage wird in der gleichen Weise verfahren, bis die eingebrachte und gut festgedrückte Torfmenge zunächst einmal ausreichend erscheint. Das Einfüllen des Torfes kann je nach Moorgröße Tage dauern, weil man so lange warten muß, bis er sich vollständig mit Wasser vollgesogen hat und damit seine Konstanz erreicht. Erst dann sollte mit der endgültigen Gestaltung der Schlenken und Bulte begonnen werden. Gleichzeitig muß darauf geachtet werden, daß die Torfauflage überall die für die Bepflanzung nötige Schichthöhe von 10 – 15 cm hat.

Wer die Anlage danach möglichst schnell bepflanzen möchte, muß soviel Regenwasser zur Verfügung haben, daß er es

Über und zwischen den Wasserspeichern wird vorsichtig der angefeuchtete Torf eingebracht und verdichtet.

Ein neuangelegtes Gartenmoor. Nach dem Einbringen der Wasserspeicher und des Torfes werden die Schlenken und Bulte modelliert. Der in die wasserführenden Schlenken abgleitende Torf muß nun immer wieder nach oben gedrückt und verdichtet werden, bis die gewünschte Form erreicht ist.

in ausreichender Menge ins Moor einbringen kann. Das heißt, daß alle Wasserspeicher (vor denen später durch Kapillar-[Docht]-Wirkung bedingt, die Wasserspeisung der gesamten Anlage ausgeht) gefüllt sind. Das ist dann der Fall, wenn in den Schlenkerbereichen das Wasser stehenbleibt und nicht mehr versickert. Auch jetzt sollte man nochmals prüfen, ob die als Schlenken und Bulte modellierten Bereiche ihre Form halten und ggf. etwas nachdrükken und korrigieren, denn von den Moorpflanzen darf man als stabilisierendes Element nicht viel erwarten. Abgesehen von Heidekrautgewächsen oder Wollgräsern haben sie fast alle flache Wurzeln. Nur die *Sphagnum*-Moosarten – die als torfbildende Begleitpflanzen in keinem Gartenmoor fehlen sollten – sind, obwohl völlig wurzellos, durch ihr rasantes Wachstum in der Lage, weite Moorbereiche zu erobern und damit zu festigen. Bei größeren Gartenmooren

Die Gesamtansicht des Gartenmoores im März. Die Schlenken- und Bultbereiche haben sich gefestigt, die Grundbepflanzung ist erfolgt. Jetzt werden weitere Pflanzen eingebracht, die für die zuvor geschaffenen Standorte geeignet sind.

sollte die Anlage der Schlenken ohnehin besser mit angefeuchteten „Torfziegeln" erfolgen, die sich durch ihre Preßform leichter verarbeiten und übereinanderschichten lassen.

Etwa zwei Monate später, zu Beginn der Wachstumsperiode: Das Gartenmoor hat ein neues Gesicht erhalten. Die Karnivoren-Arten im Vordergrund beginnen zaghaft zu wachsen. Fieberklee, Sumpfkalla und Sumpfblutauge zeigen am Rand der Schlenken ständig neue Triebe und Blätter. Moose und Heidekrautgewächse beginnen sich auszubreiten.

Natürliche Bult-/Schlenkenformation in einem kleinen Heidemoor in der Wahner-Heide bei Köln. Die Vegetation besteht vorwiegend aus Spagnum-Moosen und Wollgräsern.

Mit Torfziegeln, wie sie beim Torfabbau gewonnen werden, lassen sich in größeren Gartenmooranlagen die Schlenkenbereiche gestalten.

Die Moorheide
als weitere Gestaltungsmöglichkeit

Moorheiden in der Natur

Moorheiden oder Heidemoore sind als Naturlandschaften meist auf trockenfallenden Hochmooren entstanden. Wie die Hochmoore haben sie keine Verbindung zum Grundwasser und werden ausschließlich von atmosphärischen Niederschlägen gespeist. Charakteristisch für Moorheiden sind kleine Tümpel, sog. Heideschlatts, die während langer Hitzeperioden im Sommer mitunter ganz versiegen. Trotz des Vordringens von kleinwüchsigen Pioniergehölzen, wie der Waldkiefer oder der Moorbirke, unterscheidet sich die Moorheide von einer normalen Heidelandschaft durch ihr moortypisches „Fundament"; es besteht aus Torf, ist nährstoffarm und sauer.

Wie eine Moorheide in unserem Garten entsteht

Für unseren Garten ist die Moorheide insofern von besonderem Interesse, als wir hier die Möglichkeit haben, neben den gegen Konkurrenzwuchs empfindlichen Pflanzen, wie etwa die *Drosera*-Arten, in einem separat gelegenen Bereich auch solche Pflanzen einzubringen, die konkurrenzstark oder höherwüchsig sind.

Ein dichter Bestand der Preiselbeere in einem natürlichen Heidemoor.

Die Teichfolie ist wiederum das geeignete Grundmaterial, mit dem sich eine Moorheide problemlos im Garten anlegen läßt. Wie wir es vom Gartenmoor her bereits kennen, übernehmen auch hier durchlöcherte Plastikgefäße die Funktion der Wasserspeicher. Die Moorgrube wird diesmal treppenförmig in zwei unterschiedlichen Tiefenbereichen ausgehoben. Im tieferen Teil werden die Wasserspeicher auf der Folie untergebracht und dann mit gut durchfeuchtetem Torf bedeckt. Der etwas höher liegende Teil der Moorheide wird mit einem Torf-Quarzsand-Gemisch gefüllt. Der Quarzsand-Anteil sollte hierbei etwa 20 Prozent betragen. Der höher und damit etwas trockener liegende Bereich des Moores darf nicht allzu klein ausfallen. Er wäre z. B. ein geeigneter Standort für einen größeren Bestand der attraktiven Glockenheide oder der Wollgrasarten, die dann im Frühsommer das Moor verwandeln in ein Meer von weißen „Watteblumen".

Wollgräser bilden an geeigneten Standorten große Bestände.

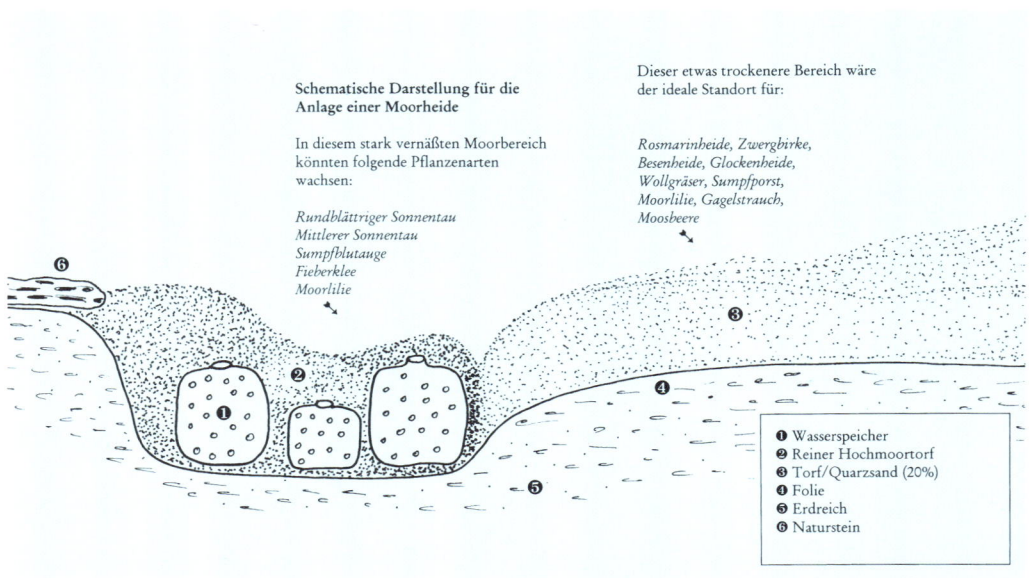

Schematische Darstellung für die Anlage einer Moorheide

In diesem stark vernäßten Moorbereich könnten folgende Pflanzenarten wachsen:

Rundblättriger Sonnentau
Mittlerer Sonnentau
Sumpfblutauge
Fieberklee
Moorlilie

Dieser etwas trockenere Bereich wäre der ideale Standort für:

Rosmarinheide, Zwergbirke, Besenheide, Glockenheide, Wollgräser, Sumpfporst, Moorlilie, Gagelstrauch, Moosbeere

❶ Wasserspeicher
❷ Reiner Hochmoortorf
❸ Torf/Quarzsand (20%)
❹ Folie
❺ Erdreich
❻ Naturstein

Die Bepflanzung

(Das Frühjahr ist hierfür die geeignete Zeit)

Gestaltung und Bepflanzung eines Gartenmoores stehen in direkter Verbindung. Genau genommen sollte man mit der Gestaltung erst dann beginnen, wenn man sich darüber klar geworden ist, welche Pflanzen man später einbringen will. Um Ihnen diese Entscheidung etwas zu erleichtern, sind in der folgenden Grafik die unterschiedlichen Feuchtigkeitsbereiche des Moores mit A, B und C gekennzeichnet.

A ist demnach ein wasserführender Schlenkenbereich. B ist der Randbereich der Schlenken. Er ist nur zeitweise überflutet, etwa nach starken Regenfällen. C ist

schließlich der etwas trockenere Bultenbereich.

In den nachfolgenden Tabellen wird dementsprechend auf die unterschiedlichen Feuchtigkeitsansprüche der Pflanzen eingegangen. Dies sollte aber nur als Orientierungshilfe angesehen werden. Gedeih und Wachstum der grazilen Moorpflanzen hängen neben der richtigen Bewässerung noch von vielen anderen Faktoren ab. Hier seien vor allem nochmals ausreichende Sonneneinstrahlung oder im negativen Sinne auch unverträglich hohe Nährstoffimporte aus der Luft (etwa durch Mineraldünger aus angrenzendem Ackerland) erwähnt.

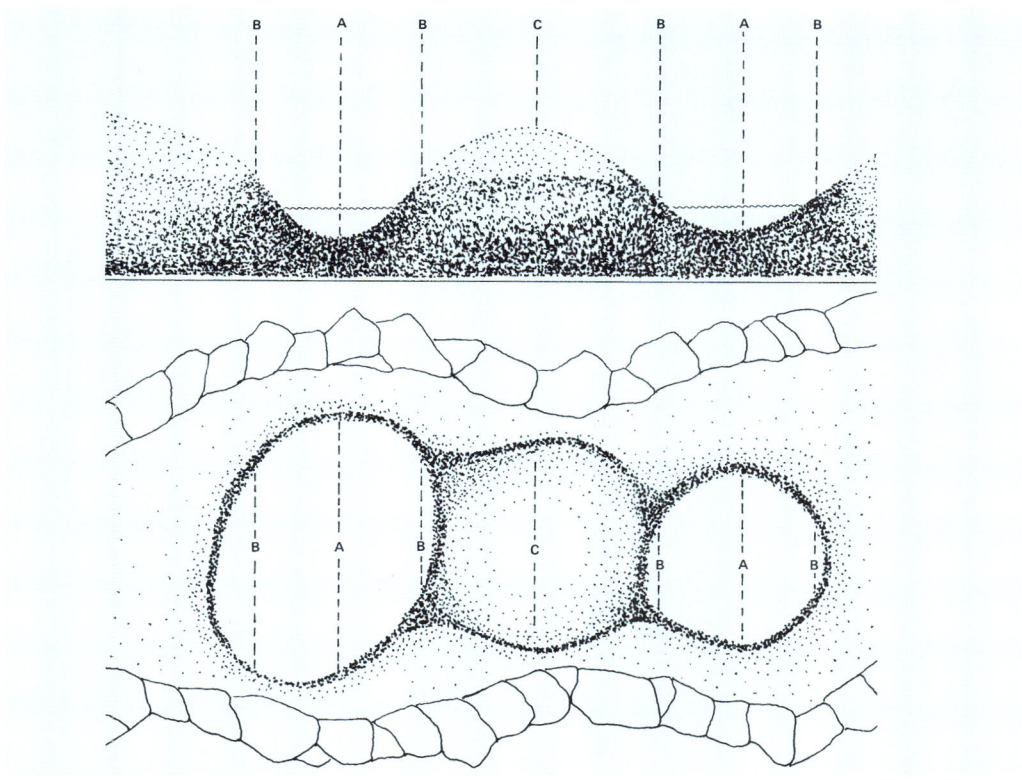

Pflanzen für das Gartenmoor

Deutscher Name/ Botanischer Name	Standort	Blütezeit	Besonderes
Aronstabgewächse			
Sumpfkalla *Calla palustris*	naß/Flachwasser sonnig	V	der kriechende Wurzelstock treibt weit am Standort aus und bildet neue Blätter/alle Pflanzenteile sind giftig!
Doldengewächse			
Gewöhnlicher Wassernabel *Hydrocotyle vulgaris*	naß/Flachwasser	VII – VIII	
Enziangewächse			
Fieberklee *Meyanthes trifoliata*	Flachwasser (Rand von Schlenken) sonnig	V – VI	
Lungenenzian *Gentiana pneumonanthe*	feucht/naß sonnig/halbschattig	VII – X	separater Standort im Gartenmoor/keine starkwüchsigen Nachbarpflanzen
Heidekrautgewächse			
Glockenheide *Erica tetralix*	feucht sonnig	VI – IX	
Moosbeere *Vaccinium oxycoccus*	feucht/naß sonnig/halbschattig	V – VII	
Preiselbeere *Vaccinium vitis-idaea*	feucht sonnig	V – VIII	nicht unbedingt an Moorböden gebunden, auch in Heiden verbreitet
Rosmarinheide *Andromeda polifolia*	naß/ keine Staunässe sonnig/leicht schattig	IV – V	
Sommerheide *Calluna vulgaris*	feucht bis halbtrocken sonnig	VIII – X	bis zu 1 m hohe Strauchpflanze
Sumpfporst *Ledum palustre*	feucht sonnig/halbschattig	V – VI	hochwüchsige, weitverzweigte Pflanze/giftig!

Fieberklee

Sumpfporst

Blüte der Moosbeere

Glockenheide

Sumpfkalla

123

Deutscher Name/ Botanischer Name	Standort	Blütezeit	Besonderes
Liliengewächse			
Moorlilie *Narthecium ossifragum*	naß sonnig	VII – VIII	Wuchshöhe bis 30 cm
Schachbrettblume *Fritillaria meleagris*	feucht/naß sonnig	IV – V	gedeiht auch auf nährstoffreicheren Böden
Schwertliliengewächse			
Sumpf-Siegwurz *Gladiolus palustris*	feucht sonnig	VI – VII	
Lobeliengewächse			
Kardinalslobelie *Lobelia cardinalis*	feucht sonnig	IX – X	keine typische Moorpflanze, gedeiht auch am feuchten Teichrand/Wuchshöhe bis 30 cm
Sauergräser			
Breitblättriges Wollgras *Eriphorum latifolium*	naß sonnig	IV – V	Wollgräser eignen sich auch für die Randbereiche von Gartenteichen
Scheidiges Wollgras *Eriphorum vaginatium*	naß sonnig	IV – V	
Schmalblättriges Wollgras *Eriphorum angustifolium*	naß sonnig	IV – V	Wollgräser bilden oft dichte Bestände im Moor und sollten deshalb zunächst sparsam angepflanzt werden
Torfmoosgewächse			
Torfmoos *Sphagnum* spec.	feucht/naß/ Flachwasser		torfbildende Begleitpflanze/ Polsterstaude (etwa 350 bekannte Arten)
Orchideengewächse			
Breitblättriges Knabenkraut *Dactylorhiza majalis*	feucht/naß keine andauernde Staunässe sonnig/halbschattig	V – VI	

Schachbrettblume

Im Sphagnum-Moos siedelt der Rundblättrige Sonnentau.

Moorlilie

Preiselbeere mit Früchten im Sphagnum-Moos.

Deutscher Name/ Botanischer Name	Standort	Blütezeit	Besonderes
Drehblume *Spiranthes cernua*	feucht/naß sonnig	VII – IX	Winterschutz im Gartenmoor wird empfohlen
Echte Sumpfwurz *Epipactis palustris*	nasse Randzone von Moorschlenken sonnig/halbschattig	VI – VII	
Fleischfarbenes Knabenkraut *Dactylorhiza incarnata*	feucht/naß keine andauernde Staunässe sonnig	VI – VII	
Geflecktes Knabenkraut *Dactylorhiza maculata*	feucht/naß sonnig/halbschattig	VI – VII	wächst auch in Waldgebieten auf sauren, nährstoffarmen Böden
Mokassin-Frauenschuh *Cypripedium reginae*	feucht halbschattig	VI – VII	gedeiht auch auf nährstoffreicheren Böden
Weiße Waldhyazinthe *Plantanthera bifolia*	feucht sonnig	V – VI	

Primelgewächse

Mehlprimel *Primula farinosa*	feucht sonnig	V – VI	Naturstandort: Kalknieder- moor/braucht Kalkbeigabe
Siebenstern *Trientalis*	mäßig feucht halbschattig	V – VII	

Rosengewächse

Blutwurz *Potentilla erecta*	feucht/naß halbschattig	VI – VIII	
Sumpfblutauge *Potentilla palustris*	nasse Randzone von Moorschlenken	VI – VII	breitet sich im Laufe des Sommers stark aus

Tüpfelfarngewächse

Rippenfarn *Blechnum spicant*	feuchter Randbereich des Gartenmoores schattig/halbschattig		keine typische Moorpflanze, wächst aber problemlos im Gartenmoor

Veilchengewächse

Sumpfveilchen *Viola palustris*	feucht sonnig	V – VI	

Orchideenblüten sind besondere Anziehungspunkte für Falter und andere Insekten.

Außer den in der Übersicht aufgeführten Orchideen-Arten werden heute von einigen Spezialgärtnereien noch andere, oft ausländische Arten, als Kulturpflanzen angeboten. Bei diesen meist kleinwüchsigen Raritäten, die durch ihre prachtvollen Blüten das besondere Interesse der Orchideenfreunde wecken, wird durch immer neue Züchtungen und Kreuzungen versucht, sie der Freilandkultur in unseren Klimabedingungen anzupassen. Viele haben jedoch ganz spezielle Standortbedingungen oder stellen besondere Ansprüche an das Pflanzsubstrat. Im Bezugsquellenverzeichnis wird auf Gärtnereien, die solche Orchideenarten anbieten, hingewiesen. Die Pflanzen werden in Spezialbehältern auf dem Postweg versandt.

Die Gestreifte Bletille, eine hübsche, asiatische Orchideenart, liebt feuchte Böden, ist aber keine ausgesprochene Moorpflanze. Unter sonnigen bis halbschattigen Bedingungen kann sie jedoch auch im etwas trockeneren Randbereich eines Gartenmoores gedeihen.

Fleischfarbenes Knabenkraut

Das Gefleckte Knabenkraut hat recht unterschiedliche Naturstandorte. Es kann relativ trocken an Wegrändern und auf Waldlichtungen stehen, aber es besiedelt auch Flachmoore und feuchte Wiesen. Im Gartenmoor sollte es keiner andauernden Staunässe ausgesetzt werden.

Siebenstern

Sumpfveilchen in der Moosvegetation.

Der Sumpfbärlapp ist eine seltene Hochmoorart, die als Kulturpflanze nicht erhältlich ist. Man sollte auch nicht versuchen, diese vom Aussterben bedrohte Rarität am Naturstandort auszugraben, um sie ins Gartenmoor zu verpflanzen. Sie stellt zu komplizierte Bedingungen an ihren Lebensraum, als daß sie hier überleben könnte. (Die Blüte im Hintergrund gehört zu einer Glokkenheide).

Rippenfarn

Pflege

Ein Gartenmoor ist ausgesprochen pflegeleicht. Vor Beginn des Winters sollten Pflanzen, für die längere Frostperioden problematisch werden könnten, mit einer Laub- oder *Sphagnum*-Moosschicht abgedeckt werden. Das betrifft vor allem einige empfindliche Karnivoren-Arten (s. die besonderen Hinweise in den Pflanzenübersichten).

Im Frühjahr werden die abgestorbenen Schläuche der *Sarracenia*-Arten mit einer Schere entfernt; ebenso alles Fallaub, das sich jetzt angesammelt hat.

Während der Wachstumsperiode im Sommer kann es vorkommen, daß sich konkurrenzstarke Arten, wie Fieberklee oder Wollgräser, zu stark verbreiten und Nachbarpflanzen in Bedrängnis bringen. Dann muß der Bestand gelichtet werden. Fremdpflanzen, die sich von selbst ansiedeln, haben im Gartenmoor nichts verloren; man sollte sie sofort entfernen. Vor allem Gräser, die erst einmal im *Sphagnum*-Moos Wurzeln gefaßt haben, können ausgesprochen lästig werden.

Im Frühjahr werden die abgestorbenen Schläuche der Sarracenia-Arten mit einer Schere oder mit einem Messer abgeschnitten; bald darauf drängen sich neue Blätter durch das Sphagnum-Moos.

Tiere im Naturmoor und im Gartenmoor

Während ein Gartenteich auch ohne unseren Einfluß von vielen Tierarten besiedelt wird, denen wir in ähnlichen Gewässern auch in der Natur begegnen, werden wir auf moortypische Tiere in unserem Gartenmoor vergeblich warten. Als moortypische Tiere gelten die wenigen im Hochmoor siedelnden Arten, die sich mit ihren Lebensgewohnheiten derart ihrer rauhen Umgebung angepaßt haben, daß sie nur hier und sonst nirgendwo existieren können. So sind die Raupen einiger ans Hochmoor gebundenen Schmetterlingsarten, wie des Hochmoorgelblings oder des Rauschbeeren-Fleckenspanners, ausschließlich von der hier heimischen Rauschbeere als Futterpflanze abhängig. Doch bedingt durch das saure, nährstoffarme Milieu gibt es in den Zentralbereichen der Hochmoore weder Säugetiere, Wasservögel, Fische, Eintags- oder Steinfliegen. In den von Huminsäuren dunkel verfärbten Schlenkengewässern sucht man zudem vergeblich nach Muscheln, Schnecken oder Kleinkrebsen. Dennoch wimmelt es in diesen Tümpeln von winzigen Lebewesen: Rädertierchen, einzelligen Amöben, Zuckmückenlarven und Wassermilben. In den trockeneren Bultbereichen (Erhöhungen) trifft man auf den Laufkäfer *Agonum ericeti,* auf Wolfs- und Jagdspinnen oder auf die Schwarze Moorameise *Formica picea.* Auch einige Libellenarten, wie die Hochmoor-Mosaikjungfer oder die Kleine Moosjungfer, haben sich in ihren Le-

Moorgewässer und ihre Randbereiche dienen nur wenigen Tierarten als Lebensraum.

bensansprüchen der abweisenden, kargen Hochmoorlandschaft angepaßt; sie benötigen zur Eiablage den flutenden *Sphagnum*-Rasen vieler Moorgewässer. Natürlich werden wir auch in unserem Gartenmoor, wenn in ihm wasserführende Schlenken vorhanden sind, Libellen beobachten können. Dann wird es sich jedoch um Arten wie die Frühe Adonislibelle oder die Blaugrüne Mosaikjungfer handeln, Tiere also, die nicht speziell ans Moor gebunden sind. Sie suchen hier, wie an vielen anderen Kleingewässern, geeignete Plätze, um ihre Eier abzulegen.

Das Kleine Nachtpfauenauge ist in den Randbereichen der Hochmoore vor allem an Heidekraut-Gewächsen anzutreffen. Der Schmetterling sowie seine Raupe verstehen es meisterhaft, sich vor Freßfeinden zu schützen. Die Augenflecken auf den Flügeln des Falters schrecken zum Beispiel hungrige Vögel ab. Eine ähnliche Wirkung erzielt die Raupe durch ihre furchteinflößende Mimikry.

Die Blaugrüne Mosaikjungfer sowie die Frühe Adonislibelle sind nicht an einen bestimmten Gewässertyp gebunden. Sie können ebenso an unseren Gartenteichen siedeln wie an natürlichen Moorgewässern.

Die Kleine Moosjungfer ist eine typische Moorlibelle. Sie benötigt zur Eiablage flutenden Sphagnum-Rasen, der nur in Moortümpeln zu finden ist.

Karnivoren – faszinierende Sonderlinge unter den Pflanzen

Nährstoffarme Standorte zwingen Pflanzen zur Jagd auf tierische Beute

Der Volksmund liebt Horrorbegriffe, wenn es um Karnivoren (Insektivoren) geht: „Fleichfressende Pflanzen", „Draculapflanzen", „Grüne Vampire". Darin verbirgt sich sicher auch ein Stück Bewunderung, und schon 1853 stieß Charles Darwin mit der Publikation „Insectivorus plants" bei seinen Lesern auf ungläubiges Staunen. Denn schließlich stellen Karnivoren die üblichen Naturgegebenheiten auf den Kopf: Statt, wie es Pflanzen allgemein zukommt, Tiere zu ernähren, nähren sie sich selbst von ihren angelockten Opfern.

Weltweit verschaffen sich etwa 400 Pflanzenarten auf diese Weise (vor allem

Die tückischen Leimperlen der Sonnentaupflanze bedeuten für den kleinen Frosch keine Gefahr. Er versucht als „Mitesser" kleine Beutetiere zu erhaschen, die der Pflanze auf den Leim gegangen sind.

durch Insektenfang) eine Zusatzkost. Ihre Lebensräume sind arm an bestimmten Nährstoffen, denn unsere einheimischen Sonnentauarten beispielsweise müssen im sauren Moorboden mit 5 Prozent der sonst üblichen Stickstoffmenge auskommen. Auch ihren Bedarf an Kalium und Nährsalzen decken die Pflanzen aus ihren Opfern. Doch als standortgebundene Lauerjäger kommen die Karnivoren dabei nicht ohne listenreiche Lock- und Fangmethoden sowie besondere Verdauungsmechanismen aus.

Leimperlen, die wie Tau in der Sonne glitzern, machen den Sonnentau für viele Fluginsekten attraktiv. Die klebrigen Perlen befinden sich am Ende langer, roter Härchen (Tentakel) rund um die Pflanzenblätter, und wenn ein Kleintier sie berührt, gibt es kein Entrinnen mehr. Dabei hätte schon ein Gewicht von nur 0,008 mg genügt, um die Pflanze zu erregen, hatte Darwin im Versuch exakt herausgefunden. Insekten, die der Pflanze auf den Leim gegangen sind und sich nun lebhaft wehren, beschleunigen damit nur ihr Ende, denn aus den Tentakelspitzen tritt jetzt immer mehr Fangleim aus, bis das Opfer seine Befreiungsversuche ermattet aufgibt. Die Tentakel – feine Drüsenhaare – produzieren nun einen Verdauungssaft, der eiweißzersetzende Enzyme enthält. Nach einigen Stunden beginnt sich das Innere des Insekts zu verflüssigen. Die Pflanze rückt die Beute mit ihren Tentakeln zur Blattmitte hin, wo sich ihre Verdauungsdrüsen konzentrieren, und beginnt die gewonnenen Nährstoffe über ihr Gefäßsystem aufzunehmen.

Dieser vereinfacht dargestellte Verdauungsvorgang ist im Prinzip bei allen Karnivorenarten gleich. Doch einige ihrer Lock- und Fangmethoden muten an wie „geniale

Einfälle" der Natur. Etwas plump und hinterhältig gar erscheint der Leimtrick des Sonnentau, wenn man die Gleitfallen tropischer Kannenpflanzen *Nepenthes* betrachtet. Schillernde Farben und Duftspuren von Nektar locken die Insekten zum „Kannenmund". Auf dieser abgerundeten, mit Wachsschuppen bedeckten Öffnung gleiten sie aus wie auf poliertem Parkett und fallen ins Kanneninnere. Selbst Insekten, die dort mit ihren Saugfüßen doch noch einen Halt finden, sind meist verloren. Viele Fallgruben sind nämlich auch für Fluchtversuche bestens präpariert. Mit einem Kranz aus abwärts gerichteten Stacheln versperrt beispielsweise die Schlauchpflanze *Sarracenia purpurea* ihren Opfern den Weg in die Freiheit, und letztlich landen auch sie in einer Brühe aus tödlichen Verdauungssäften.

Sensoren am Blattgelenk signalisieren der Venusfliegnfalle *Dionaea muscipula* schon früh die Berührung durch ein Beutetier. Eine Nektarspur lockt die Insekten in zwei weit geöffnete Blatthälften. Feine Sinneshärchen lösen dann bei einer Berührung, und in Verbindung mit den Sensoren am Blattgelenk, den Klappmechanismus der Pflanze aus. Im Bruchteil einer Sekunde schließen sich die Blatthälften; stachelige Borsten am Rand der Blätter greifen inein-

Rundblättriger Sonnentau

Venus-fliegenfalle Dionaea muscipula

– ein klebriges Fangsekret. Nur winzige Insekten gehen der Pflanze auf den Leim und strapazieren dabei ihr sensibles Verdauungssystem dennoch bis zum äußersten. Jede Fettkrautdrüse kann tierisches Eiweiß nur ein einziges Mal verdauen, danach stirbt sie ab. Das damit verbundene rasche Verbrauchen und Verwelken ihrer Blätter aber weiß die Pflanze auszugleichen, denn sie entrollt alle fünf Tage ein neues Blatt.

Nicht alle Karnivoren trachten sämtlichen Insekten, die von der Größe her in ihren Speiseplan passen, nach dem Leben. Einige Kannenpflanzen leben in Symbiose mit den von ihnen angelockten Kleintieren. Stechfliegen der Gattung *Wyeomyia* schweben, ohne an den Wänden anzustoßen, durch das Kanneninnere. Sie legen in der für andere Insekten tödlichen Verdauungsflüssigkeit ihre Eier ab. Die sich daraus entwickelnden Larven sind durch ein Gegenmittel ebenfalls vor den zersetzenden Säften geschützt. Sie sind der Pflanze willkommene Gäste bei Tisch und säubern ihren Magen von den Resten der Kannibalenmahlzeit.

ander und umklammern die Beute wie ein Fangeisen.

Bescheiden im Anspruch an die Größe der Opfer gibt sich das Fettkraut *Pinguicula*. Kleine Drüsen auf seinen Blättern produzieren – ähnlich wie bei den Sonnentau-Arten

Schlauchpflanze Sarracenia purpurea

Karnivoren im Gartenmoor

Karnivoren gehören sicherlich zu den besonderen Attraktionen eines Gartenmoores. Dabei ist aber weniger an unsere heimischen Arten gedacht, die sich aufgrund unserer klimatischen Verhältnisse auf wenige Sonnentau-, Fettkraut- und Wasserschlaucharten beschränken. Zudem erweist sich ihre Kultur im künstlich angelegten Gartenmoor (abgesehen von einigen aquatisch lebenden Wasserschlaucharten *Utricularien*) oft als kompliziert. Auch ist es schwierig, sie als Kulturpflanzen aus Spezialgärtnereien zu beziehen, und für jeden Naturfreund versteht es sich von selbst, diese vom Aussterben bedrohten Pflanzen nicht etwa an noch verblienenen Naturstandorten zu suchen, um sie auszugraben.

Bei aller Neigung für die heimische Flora muß man aber auch eingestehen, daß exotische Karnivorenarten unsere meist kleinwüchsigen Vertreter dieser Pflanzengruppe an Farbenpracht und Formenreichtum bei weitem übertreffen. Einige der schönsten können in unserem Gartenmoor gedeihen. Sie werden von Spezialgärtnereien mit jahrelanger Kulturerfahrung erfolgreich nachgezüchtet und bringen auch für den Anfänger den gewünschten Erfolg. Vor allem die stattlichen Schlauchpflanzen aus der Familie *Sarraceniae* werden uns durch ihre trompetenförmigen Schlauchblätter in vielen Farbenmustern und ihren Blütenzauber faszinieren.

Die bekanntesten Vertreter dieser Gattung, *Sarracenia purpurea* und *Sarracenia flava* beispielsweise, eignen sich schon deshalb besonders gut für unser Gartenmoor, weil sie problemlos im Fachhandel erhältlich sind, keine besonderen Kulturansprüche stellen und als winterharte Arten gelten. Dem Anfänger sind winterharte Karnivorenarten in jedem Falle zu empfehlen. Abzuraten ist hingegen davon, Karnivorenarten, die nicht frostresistent sind, direkt ins Gartenmoor zu pflanzen, um sie im Herbst wieder auszugraben. Karnivoren

Schlauchpflanze Sarracenia flava

Blüte Sarracenia purpurea

Der Sumpfkrug Heliamphora ist als Anfängerpflanze für die Freilandkultur im Sommer nur bedingt zu empfehlen. Er verlangt einen kühlen, halbschattigen Platz (max. ca. 20° C) und niedrige Temperaturen im Wurzelbereich, wobei gleichzeitig Staunässe zu vermeiden ist. Pflanzbehälter aus Ton kommen solchen Ansprüchen eher entgegen als etwa Plastiktöpfe.

sind besonders empfindlich im Wurzelbereich und nehmen solche Radikalmaßnahmen übel. Auf Möglichkeiten, nicht winterharte Karnivorenarten dennoch den Sommer über im Gartenmoor unterzubringen, wird noch in einem der folgenden Kapitel hingewiesen.

Karnivoren mit etwas schwierigen Kulturansprüchen, wie etwa der hübsche Sumpfkrug *Cephalotus follicularis,* der weder Frost noch volles Sonnenlicht vertragen kann, könnten aber auch in einem transportablen Mini-Moor gehalten werden. Damit ließe sich der Standort im Freien nach dem Wechsel von Sonne und Schatten bestimmen, und im Herbst fände das Mini-Moor einen geschützten Platz im Haus. Auch auf diese Möglichkeit wird noch besonders eingegangen.

Im folgenden Teil soll aber zunächst eine Liste der bekanntesten Arten darüber Auskunft geben, welche Karnivoren als winterhart gelten und relativ problemlos im Gartenmoor zu kultivieren sind. Eine weitere Übersicht weist auf jene Pflanzen hin, die sich für die ständige Freilandkultur eignen,

aber eines gewissen Winterschutzes (etwa durch eine dicke Laub- oder *Sphagnum*-Moosschicht) bedürfen. Schließlich werden einige Karnivorenarten aufgeführt, die sich für ein transportables Moor eignen (ggf. auch für eine schwimmende Moorinsel im Gartenteich) und die im Winter einen frostsicheren Platz im Haus erhalten.

Die Hinweise auf die besonderen Standortbedingungen in den Tabellen sind als Grundempfehlung für den Anfänger zu verstehen. Ob sich die Pflanzen letztlich an dem von uns gewählten Platz wohl fühlen, wird nicht nur an ihrem Wachstum, sondern auch an der Entwicklung ihrer Farben selbst für den Laien bald erkennbar sein. Sicher wird aber bei vielen Pflanzenfreunden nach ersten Erfolgen ein steigendes Interesse an diesen botanischen Sonderlingen erwachen. Für sie soll am Ende dieses Buches auf Insektivorengesellschaften, Fachliteratur und Spezialgärtnereien hingewiesen werden, die auf Fragen der Beschaffung, Kultur, Vermehrung u.ä. eine ausführliche Antwort geben können.

139

Schlauchpflanze
Sarracenia flava –
links: ihre Blüten

Fettkraut-Arten müssen mit bescheidener Beute vorlieb nehmen. Die Drüsen auf ihren Blättern produzieren ein Fangsekret, an dem Mücken und andere Kleininsekten kleben bleiben.
►

Freilandaufzucht von Sarracenia purpurea in einer Spezialgärtnerei.
▼

Karnivoren

winterharte Arten

Schlauchpflanzen	Standort	Besonderes
Sarracenia flava	naß, sonnig	abgestorbene Schläuche im Frühjahr entfernen
Sarracenia purpurea	extrem naß, sonnig	abgestorbene Schläuche im Frühjahr entfernen

Sonnentau-Arten	Standort
Drosera filiformis	feucht, sonnig
Drosera linearis	feucht, sonnig

Drosera-Hybriden	Standort
Drosera x beleziana	feucht, sonnig
Drosera x hybrida	feucht, sonnig
Drosera x negamoto	feucht, sonnig
Drosera x obovata	feucht, sonnig

Fettkraut-Arten	Standort
Pinguicula cosica	feucht, halbschattig
Pinguicula grandiflora	feucht, halbschattig
Pinguicula vulgaris	feucht, halbschattig

Wasserschlauch-Arten	Standort	Besonderes
Utricularia intermedia	extrem nasser, teilweise überschwemmter Standort	starke Sonneneinstrahlung verhindern (unerwünschte Algenbildung)
Utricularia minor	extrem nasser, teilweise überschwemmter Standort	starke Sonneneinstrahlung verhindern (unerwünschte Algenbildung)
Utricularia vulgaris	extrem nasser, teilweise überschwemmter Standort	starke Sonneneinstrahlung verhindern (unerwünschte Algenbildung)

Karnivoren

winterharte Arten, die mit einer dicken Laub- oder *Sphagnum*-Moosschicht gegen längere Frostperioden geschützt werden müssen

Schlauchpflanzen	Standort
Sarracenia leucophylla	naß, sonnig
Sarracenia minor	naß, sonnig
Sarracenia psittacina	naß, sonnig
Sarracenia rubra	naß, sonnig

Kobrapflanze	Standort	Besonderes
Darlingtonia californica	verlangt kaltes Wasser im Wurzelbereich	im Hochsommer vor extremer Sonneneinstrahlung schützen

Venusfliegenfalle	Standort
Dionaea muscipula	feucht, sonnig

Kobrapflanze Darlingtonia californica

Schlauchpflanze Sarracenia leucophylla

Schlauchpflanze Sarracenia rubra

Schlauchpflanze Sarracenia psittacina

Überwintern von tropischen und subtropischen Karnivorenarten im Gewächshaus/im Haus

Es würde den Rahmen dieses Buches sprengen, wenn man an dieser Stelle ausführlich auf die Kulturansprüche aller nicht frostbeständigen Karnivorenarten während des Winters eingehen wollte.

Zudem wird es in einem normalen Wohnhaus kaum möglich sein, exakt die jeweiligen Temperatur-, Luftfeuchtigkeits- und Lichtverhältnisse für jede Pflanzenart zu schaffen. Ideal für die Überwinterung von Karnivoren wäre natürlich ein Gewächshaus, in dem sich durch Abtrennung unterschiedliche Temperaturbereiche und ggf. auch durch Abdunkelung die erforderlichen Lichtverhältnisse erzeugen ließen.

Eine konstante Bewässerung der Pflanzen erzielt man am besten, indem man die am Boden durchlöcherten Gefäße, in denen sie wachsen, in eine flache Schale voller Regenwasser stellt. Obwohl auch während des Winters ein heller Standort gewählt werden sollte, mögen die Pflanzen jetzt kein direktes Sonnenlicht. Das gilt vor allem für Plätze vor oder unter Glasscheiben, an denen sich dann auch die Temperatur drastisch erhöht. Die Idealtemperatur für die meisten Karnivorenarten während der Wintermonate liegt zwischen 5° und 10° C. Solche Temperaturen sind z.B. für viele Fettkraut- und Sonnentau-Arten angebracht oder auch für die Venusfliegenfalle *Dionaea muscipula,* falls man sie zum Überwintern ins Haus bringt. Dagegen genügen dem australischen Zwergkrug *Cephalotus follicularis* schon Temperaturen von 5° C oder darunter; sogar zeitweilige leichte Fröste werden unbeschadet überstanden.

Karnivorenarten, die keinen Frost vertragen

Deutscher Name/ Botanischer Name	Standort	Besonderes
Regenbogenpflanze *Byblis*	feucht, mit halbtrockenen *Perioden* *sonnig*	die grazile Pflanze *ist zerbrechlich;* *für Windschutz sorgen*
Sumpfkrug *Heliamphora*	feucht, kühl *halbschattig*	
Taublatt *Drosophyllum lusitanicum*	feucht, sonnig	braucht zum Gedeih *eine größere Freifläche*
Zwergkrug *Cephalotus follicularis*	feucht, *volles Sonnenlicht im* *Hochsommer vermeiden*	empfindlich im *Wurzelbereich/* *nicht umtopfen*

Insekten, wie diese Regenbremse, werden vom Sonnentau angelockt.

Drosera aliciae

Drosera capensis

Drosera adelae
Drosera aliciae
Drosera capensis
Drosera capillaris
Drosera cuneifolia
Drosera slakii
Drosera spathulata
Drosera hamiltonii

Drosera adelae

147

Eine Fettkraut-Blüte öffnet sich.

Zwergkrug Cephalotus follicularis

Die Blüten des Wasserschlauches Utricularia sandersonii erinnern in ihrer Form und zarten Farbenpracht an Orchideen.

Einige nicht winterharte Fettblatt-Arten, die als Kulturpflanzen im Fachhandel erhältlich sind:

Pinguicula agnata
Pinguicula esseriana
Pinguicula gypsiola
Pinguicula hemiepiphytica

Wasserschlauch-Arten:

Utricularia longifolia
Utricularia reniformis
Utricularia sandersonii
Utricularia subulata

Mini-Moore im Garten und auf dem Balkon

Wer im Garten keinen Platz für eine feste Mooranlage hat, muß auf ein kleines Moorbiotop nicht verzichten. Transportable Kleinmoore lassen sich in Plastikwannen, Holzfässern, Körben, Wassertrögen und sonstigen Behältnissen anlegen. Je nach ihrer Beschaffenheit müssen sie zunächst mit Folie ausgelegt werden. Dann werden, wie beim Gartenmoor, die Wasserspeicher in entsprechender Größe eingebracht. Umgestülpte Plastikpflanztöpfe, die beim Kauf von Blumen mitgeliefert werden und am Boden meist schon mit Löchern versehen sind, wären hierfür evtl. schon das Geeignete. Um später die Bulten- und Schlenkenbereiche modellieren zu können, sollten wiederum Gefäße von unterschiedlicher Höhe zur Verfügung stehen, es sei denn, man beabsichtigt nur Pflanzen ins Mini-Moor einzubringen, die den gleichen Bewässerungs-

grad verlangen. Das Auffüllen mit Torf geschieht dann wie beim Gartenmoor.

Da die Wasserkapazität im Mini-Moor relativ gering ist, muß hin und wieder der Wasserstand geprüft und ggf. mit Regenwasser nachgegossen werden. Wenn man die Möglichkeit hat, das Kleinmoor während des Winters im Haus unterzubringen, kann man es mit Pflanzen besetzen, die nicht frostbeständig sind.

Transportable Kleinmoore haben den Vorteil des geringen Torfverbrauchs und Platzbedarfs. Sie lassen sich auch in kleinen

Auch im transportablen Mini-Moor müssen vor der Torffüllung die Wasserspeicher eingebracht werden. Unten: Die Anlage nach der Erstbepflanzung.

Ein altes Butterfaß, bepflanzt mit Sarracenia purpurea und Sarracenia psittacina.

149

Die äußere Gestaltung eines transportablen Mini-Moores ist eine Frage des persönlichen Geschmacks.

Reihenhausgärten an einem sonnigen Platz unterbringen, ebenso auf dem Dachgarten oder auf dem Balkon. Geflochtene Körbe, Holzbottiche oder Keramikgefäße sorgen am besten für einen optisch passenden Rahmen. Unansehnliche Plastikwannen u.ä. brauchen eine zusätzliche „Verkleidung". Hierfür bieten sich z.B. dünne Holzlatten oder Baumrinde als geeignete natürliche Materialien an.

Nicht frostbeständige Karnivorenarten im Gartenmoor / im Haus

Es wurde schon erwähnt, daß es für tropische oder subtropische Karnivorenarten eine Tortour bedeuten würde, sie im Frühjahr direkt ins Gartenmoor zu setzen, um sie im Herbst wieder auszugraben. Es besteht jedoch die Möglichkeit, sie in einem separaten Behälter unterzubringen und diesen während der Sommermonate an einem dafür freigehaltenen Platz im Gartenmoor zu integrieren. Wenn man den Rand des Gefäßes mit etwas Torf und *Sphagnum*-Moos bedeckt, wird kaum erkennbar sein, daß es sich hierbei um eine isolierte Anlage handelt. Im Herbst läßt sich der Behälter leicht aus dem Gartenmoor entnehmen und an geeigneter Stelle im Haus unterbringen.

◀ *Sumpfkrug Heliamphora minor x heterodoxa*

Für Kleinstmoore, die ins Gartenmoor integriert werden, eignen sich die unterschiedlichsten Gefäße. Sie müssen am Boden mit Löchern versehen sein, durch die sie später Anschluß an die Wasserversorgung des Gartenmoores erhalten. Um ein etwaiges Umtopfen der Pflanzen im Herbst zu vermeiden, sollte jetzt schon überlegt werden, wo ihr Standort im Winter sein wird, denn auch danach richtet sich die Auswahl der Gefäße. Der hier abgebildete häßliche Plastiktopf wird sich später kaum für eine Unterbringung auf dem Fensterbrett im Wohnzimmer eignen. Die Bewässerung der Pflanzen erfolgt während der Wintermonate durch eine etwa zur Hälfte mit Wasser gefüllte Schale, in die man den Pflanzbehälter stellt. Das Wasser in der Schale sollte immer erst dann nachgefüllt werden, wenn es völlig verbraucht worden ist.

Hinweis zum Beobachten und Fotografieren:

Wer Kanivoren näher anschauen oder fotografieren möchte, wird manchmal bedauern, daß sie im Gartenmoor zu weit entfernt stehen und er sie nicht erreichen kann, ohne dabei andere Bereiche des Moores zu betreten oder gar zu zerstören. Ein separates Kleinstmoor läßt sich für einige Zeit aus dem Gartenmoor entnehmen. Dann kann man die Pflanzen problemlos von allen Seiten betrachten oder fotografieren (s. auch „Naturfotografie am Gartenteich und Gartenmoor").

◄ *Fliege zwischen den geöffneten Blatthälften einer Venusfliegenfalle.*

◄
Das Kleinstmoor fertig bepflanzt mit Sumpfkrug Heliamphora und einigen Wasserschlauch-Arten.

Natürlich lassen sich solche Kleinstmoore auch außerhalb der Gartenmooranlage an einem geeigneten Platz im Freien aufstellen. Dann muß der zu einem Teil mit Regenwasser gefüllte Untersatz die Bewässerung übernehmen.
▼

Substrat

Auch für Kleinstmoore dient in der Regel reiner Hochmoortorf als Pflanzgrundlage. Bei Pflanzen, die in einer Spezialgärtnerei oder im Gartenfachhandel erworben werden, wird mitunter auffallen, daß der Torf im Pflanztopf mit weißen Kügelchen durchsetzt ist. Hierbei handelt es sich um sog. Perlite, die der Strukturverbesserung der Pflanzgrundlage dienen. Eine Beimischung aus reinem Quarzsand soll ähnliches bewirken. Da auch ausgesprochene Experten über solche Zusatzstoffe die unterschied-

lichsten Auffassungen haben, sollte man sie deshalb nicht überbewerten. Grundsätzlich muß jedes Pflanzsubstrat für Karnivoren frei von Mineraldünger und sauer sein, gleichzeitig aber luftdurchlässig und wasserspeichernd. Diese Voraussetzungen sind bei strukturstabilem Hochmoortorf gegeben. Wenn sich eine besondere Substratmischung bei der einen oder anderen Pflanzenart besonders bewährt hat, wird darauf in der Regel von den Gärtnereien hingewiesen.

Moore im Gartenteich

Bei der Anlage von Moorbiotopen im Garten bietet sich als weitere Möglichkeit das separate Kleinmoor im Gartenteich an. Es hat, wie das transportable Kleinmoor, den Vorteil des geringen Torfverbrauchs und Platzbedarfs und läßt sich mit etwas Geschick in einem bestehenden Gartengewässer installieren. Hierbei muß zunächst ein sicheres Fundament aus Steinen angelegt werden, auf dem dann eine Plastikwanne o.ä. Platz findet. Die weitere Gestaltung erfolgt nun wie beim Mini-Moor: Wasserspeicher einbringen, mit angefeuchtetem Torf bedecken – bepflanzen. Wichtig ist bei dieser Art der Mooranlage wiederum die strikte Trennung von Moor- und Teichbereich. Das Moor wird ausschließlich durch Regenwasser gespeist; es steht mit dem nährstoffreicheren Teichwasser nicht in Verbindung. Die größte Schwierigkeit bei einem auf festem Fundament im Gartenteich liegenden Kleinmoor wird die Bestimmung der Randhöhe sowie die Randgestaltung machen. Das Moor darf selbst nach heftigen Regengüssen nicht vom Teichwasser überspült werden, und auch vom Randbereich sollte keine Kapillarwirkung ausgehen – etwa durch in das Teichwasser wachsende *Spagnum*-Moose.

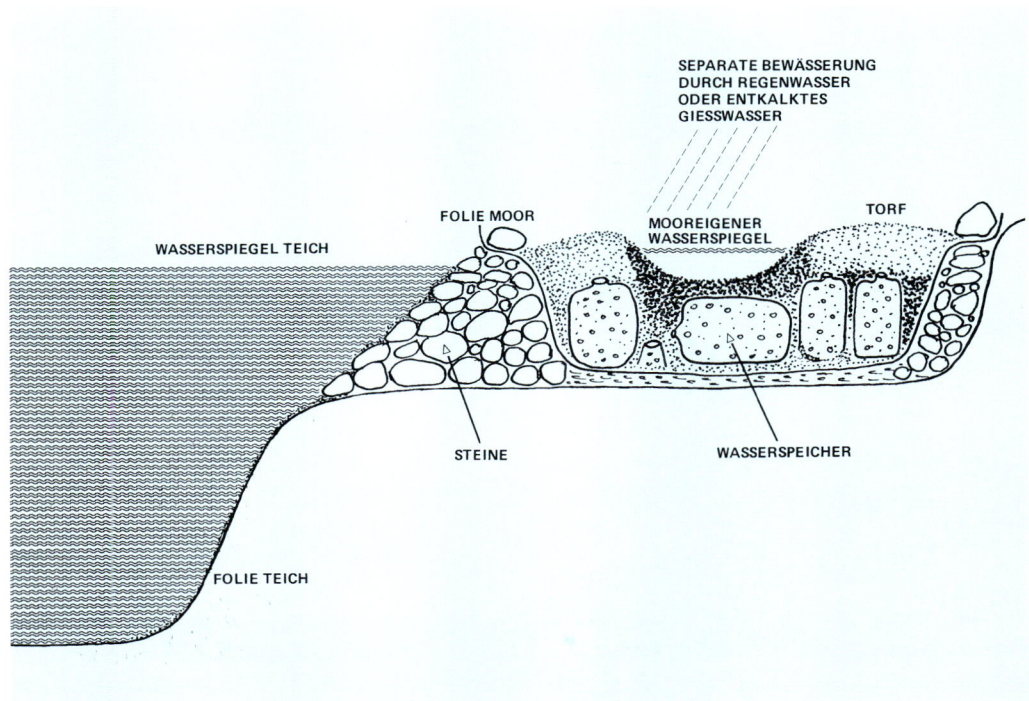

SEPARATE BEWÄSSERUNG
DURCH REGENWASSER
ODER ENTKALKTES
GIESSWASSER

FOLIE MOOR

TORF

MOOREIGENER
WASSERSPIEGEL

WASSERSPIEGEL TEICH

STEINE

WASSERSPEICHER

FOLIE TEICH

Beispiel für das Anlegen einer Moorinsel in einem bestehenden Gartenteich.

Schwimmende Moorinseln

Anders sieht es mit einer schwimmenden Moorinsel aus, deren Fundament z.B. aus einer tragfähigen Styropor-Kiste bestehen kann. Die Kiste wird am Boden mit einigen etwa fingerdicken Löchern versehen, durch die man „Dochte" in Form von einem Stück Hanfschnur o.ä. zieht. Die ins Teichwasser hängenden „Dochte" sorgen mit *Sphagnum*-Moosen, die über den Rand der Kiste wachsen, für die Bewässerung der Insel. Eine angefeuchtete Torfschicht kommt jetzt direkt auf die Styroporunterlage mit den Dochtenden, wird bepflanzt, und die Anlage wird schließlich wie ein Floß aufs Wasser gesetzt.

Da die schwimmende Moorinsel trotz ihrer sauren Torfgrundlage mit nährstoffreichem Teichwasser versorgt wird, unterscheidet sie sich grundsätzlich von den zuvor beschriebenen Gartenmoor-Anlagen.

Deshalb muß man bei ihrer Bepflanzung nach Arten suchen, die mit diesen schwankenden Nährstoffbedingungen zurechtkommen. Hier wären etwa der Fieberklee *Menyanthes trifoliata,* das Sumpfblutauge *Potentilla palustris,* das Gefleckte Knabenkraut *Dactylorhiza maculata* oder auch Karnivorenarten wie *Sarracenia flava* oder *Sarracenia purpurea* zu nennen.

Andererseits wird es manchen Pflanzenliebhaber reizen, die schwimmende Moorinsel, die sich im Herbst aus dem Teich entnehmen und gut durchfeuchtet im Haus überwintern läßt, mit attraktiven Gewächsen zu bepflanzen, die nicht frostresistent sind. Hierfür eignen sich z.B. die prachtvolle Kardinalslobelie *Lobelia cardinalis* oder viele der unentwegt blühenden Fettkrautarten *Pinguicula.*

Schwimmende Moorinseln stehen mit dem nährstoffreichen Teichwasser in Verbindung und sollten nur mit Pflanzen besetzt werden, die mit solchen Bedingungen zurechtkommen. Im Bild: Sarracenia flava in voller Blüte.

Der Rand einer häßlichen Styropor-Kiste wird langsam von Sphagnum-Moosen überwuchert (oben).
Nach einiger Zeit ist von der Styropor-Unterlage nichts mehr zu sehen; blühende Pflanzen haben das
„Neuland" erobert (unten).

Ein kleiner Frosch im Sphagnum-Moos. Sphagnum- oder Torfmoose, die natürlichen Wasserspeicher der Hochmoore, sind in der Lage, Regenwasser bis zum 25fachen ihres Eigengewichtes aufzusaugen und zu binden.

Das Wasser im Gartenmoor

bzw. das Gießwasser für Karnivoren, die im Haus überwintert werden

Vorausgesetzt, unser Gartenmoor ist groß genug, bzw. es sind genügend Wasserspeicher in ihm untergebracht, wird es mit der Bewässerung kaum Probleme geben. In langen Trockenperioden müssen kleine Gartenmoore oder transportable Mini-Moore aber mitunter zusätzlich bewässert werden. Dann ist weiches Regenwasser natürlich ideal, und für diesen Zweck sollte man es vorsorglich in Auffangtonnen, wie sie im Fachhandel angeboten werden oder in ähnlichen Behältern speichern.

Hartes Wasser ist auf die Dauer Gift für jedes Gartenmoor. Haupthärtebildner im

Wasser sind Edelkalien, wie Kalzium- und Magnesiumsalze, desweiteren Kalium und Natrium. Die Messung dieser Härtekomponenten erfolgt nach sogenannten deutschen Gesamthärtegraden. Danach gilt Wasser mit einem Härtegrad von 0 bis 4 als sehr weich und entspricht damit den Ansprüchen unseres Gartenmoores bzw. seiner Pflanzen. Neben der Gesamthärte spielt auch die Karbonathärte eine bedeutende Rolle. Sie entsteht, wenn sich Kalk in kohlendioxydhaltigem Wasser auflöst. Je mehr Kalk bei diesem Prozeß in Lösung geht, um so höher wird die Karbonathärte. Schließlich spielt noch der pH-Wert für die Pflanzen im Moor eine gewisse Rolle. Nach ihm gemessen ist Wasser entweder neutral, alkalisch oder sauer. Der pH-Wert richtet sich nach den Anteilen der Hydroxid-Ionen, die das Wasser alkalisch machen oder nach den Wasserstoff-Ionen, die es ansäuern. Die pH-Werte reichen von 1,0 bis 14,0. Demnach ist Wasser mit einem pH-Wert von 1,0 sehr sauer, mit 7,0 neutral und mit 14,0 sehr alkalisch. Regenwasser ist also für die Moorpflanzen wie auch für die Konsistenz des Torfes am besten geeignet. Von den Verunreinigungen, die heute in der Luft vorkommen und die Qualität des Regenwassers beeinträchtigen, abgesehen, ist es von Natur aus fast neutral und enthält keine Härtebildner.

Was aber ist zu tun, wenn es nicht zur Verfügung steht?

Zunächst gilt es, den Säure- und Härtegrad unseres Leitungswassers zu überprüfen. Hierfür gibt es z.B. im Aquarienfachhandel einfache und preiswerte Möglichkeiten in Form von Indikatorpapier. Manchmal ist das Ergebnis gar nicht unbefriedigend, z.B., wenn man in Gegenden wohnt, in denen das Wasser aus Regionen mit kalkarmen Gesteinsschichten kommt. Anderenfalls könnten spezielle Enthärtungsanlagen oder Ionenaustauscher zwar alle Probleme lösen, aber ihr Preis ist dementsprechend hoch. Deshalb sei noch auf einige andere Möglichkeiten hingewiesen:

- Chemische Entkalker, wie sie im Blumenfachhandel angeboten werden, können den Kalkgehalt des Wassers senken.

- Destilliertes Wasser ist geeignet, wenn es mit einem geringen Anteil von Leitungswasser gemischt wird; auf Dauer ist dies aber eine teure Angelegenheit.

- Abgekochtes oder abgestandenes Wasser wird in jedem Falle die Wasserwerte verbessern.

- Ein zu hoher pH-Wert des Wassers wird sich im Gartenmoor durch den Torf von selbst reduzieren.

- Der pH-Wert des Gießwassers für Karnivoren, die nicht im Gartenmoor untergebracht sind, kann durch das Einhängen eines Leinenbeutels voller Torf vermindert werden.

- Durch verdünnte Kali-Lauge läßt sich der pH-Wert des Wassers erhöhen.

Im übrigen gehen die Pflanzen nicht ein, wenn man sie einmal mit ungeeignetem Leitungswasser versorgt. Nur darf dies nicht zur Gewohnheit werden!

Die einfachste und natürlichste Lösung bleibt die Verwendung von Regenwasser.

Vögel im Gartenmoor

Obwohl wir Vögel sicher gern in unseren Gärten sehen, sind sie in einem Gartenmoor alles andere als erwünscht. Dabei richten die kleinen Arten, wie Buchfinken, Meisen oder Spatzen, meist nur geringe Schäden an. Geradezu „versessen" aufs Moor scheinen aber Amseln zu sein, die dort, speziell zur Brutzeit, ein reiches Reservoir an Nistmaterial entdecken. Vor allem das weiche *Sphagnum*-Moos wird von ihnen gern zum Auspolstern der Nester verwendet. Noch schlimmer gebärden sich Elstern im Gartenmoor. Ein Elsternpaar kann ein frisch angelegtes Moorbiotop in kurzer Zeit ruinieren. Alle Verwünschungen aber helfen nicht weiter. Man ist in solchen Fällen gezwungen, das Gartenmoor oder wenigstens jene Bereiche, in denen die empfindlichsten Pflanzen wachsen, mit Maschendraht zu sichern. Zum Trost kann gesagt werden, daß das Interesse der Vögel am Moor nach der Brutzeit wieder abnimmt. Da im sauren Torfboden keine Regenwürmer und nur wenige Insekten vorkommen, ist er als Nahrungsquelle ungeeignet. Auch ältere Gartenmooranlagen sind durch Vögel weniger gefährdet, da das wachsende Wurzelgeflecht der Pflanzen die oberen Torfschichten immer mehr festigt und stabilisiert.

Naturfotografie am Gartenteich und Gartenmoor

Bei vielen Menschen erweckt das Betrachten von Tieren und Pflanzen, die das selbstgeschaffene Feuchtbiotop im Garten besiedeln, den verständlichen Wunsch, diese auch zu fotografieren. Das erscheint auf den ersten Blick relativ einfach gegenüber Motiven, die uns draußen in der freien Natur begegnen. Am Gartenteich und -moor liegt alles viel näher. Viele Pflanzen und Tiere scheinen geradezu darauf zu warten, von uns auf Film gebannt zu werden. Für Gesamtansichten von Feuchtbiotopen und großwüchsigen Pflanzen genügt hier sicher eine der durch ihre einfache

Handhabung immer beliebter werdenden modernen Sucherkameras. Doch wer bei Pflanzenaufnahmen ins Detail gehen möchte oder sich nur eine Großlibelle formatfüllend auf dem Bild wünscht, stößt hiermit schnell an seine Grenzen. Für Aufnahmen, die uns im Sucher exakt über Bildaufbau, Schärfeverteilung und Bildbegrenzung informieren, benötigen wir eine „sehende" Kamera – in unserem Falle am besten eine einäugige Spiegelreflexkamera. Da solche Kameras als Standardausrüstung meist mit einem 50-mm-„Normalobjektiv" bestückt sind, wird man allerdings auch

Fotografisch stark vergrößert erscheint die Westliche Keiljungfer, eine Libelle aus der Familie der Fluß-jungfern, wie ein Wesen von einem anderen Stern.

hier schnell nach Möglichkeiten suchen, einen größeren Abbildungsmaßstab zu erreichen. Dafür bieten sich eine Reihe von optischen Geräten an; es seien nur Vorsatzlinsen, Zwischenringe oder Balgengeräte erwähnt. Diese reduzieren freilich die Lichtstärke des Objektivs und verlängern möglicherweise die Verschlußzeit der Kamera derart, daß nun verwackelungsfreie Aufnahmen ohne die gleichzeitige Verwendung eines Elektronenblitzes unmöglich sind. Das ideale Objektiv für Nahaufnahmen am Gartenteich, mit dem man auch im Normalbereich gute Ergebnisse erzielen kann, wäre sicher ein entsprechendes Makroobjektiv. Scheue Insekten, wie etwa die schillernden Libellen, denen ihre Komplexaugen eine fast komplette Rundumsicht ermöglichen, und die auf unsere Annäherungsversuche entsprechend reagieren werden, erfordern dabei freilich ganz andere Voraussetzungen als Pflanzen, an die man beliebig nahe heranrücken kann. Hier sollte man sich im Fachhandel entsprechend beraten lassen. Besonders für die Makrofotografie gilt der Grundsatz: je kleiner die Blende, um so größer die Tiefenschärfe. Nahaufnahmen, die also auch die Randbereiche unseres Motivs oder außerhalb der eigentlichen Aufnahmeebene liegende Details noch in befriedigender Schärfe wiedergeben sollen, setzen ein lichtstarkes Objektiv voraus, das aber um so teurer wird, je weiter es solchen Wünschen entgegenkommt. Wiederum wird man jetzt vielleicht überlegen müssen, ob man nicht ein Blitzgerät zu Hilfe nimmt, das die Verwendung einer entsprechend kleinen Blende ermöglicht. Tageslichtaufnahmen aber wirken in vielen Fällen natürlicher, betonen die Schönheit von Tieren und Pflanzen durch den Einbezug von Schatten, Gegenlicht oder Wasserspiegelungen.

Das Thema Naturfotografie an Feuchtbiotopen im Garten kann hier nur in groben Zügen umrissen werden. Es soll aber nicht abgeschlossen werden, ohne auf eine verfängliche Situation hinzuweisen, die wir an unserem Gartenteich erleben werden. Es betrifft den Schlupfvorgang einer Libelle aus ihrer Larvenhülle bzw. die Periode, in der das geschlüpfte Insekt Körper und Flügel trocknen läßt, bis es flugbereit ist. In der freien Natur geschieht dies meist an einer geschützten Stelle im Uferbereich; die Libelle bleibt hier vor störenden Einflüssen und räuberischen Vögeln verborgen. Am Gartenteich sind ihre Möglichkeiten, sich zu verbergen, weitaus geringer. Wenn wir hier also eine schlüpfende oder frisch geschlüpfte Libelle entdecken und sie fotografieren möchten, sollte dies mit größter Vorsicht und Rücksichtnahme geschehen. Niemals etwa sollten wir versuchen, die Libelle „ins rechte Licht" zu rücken, um uns eine bessere Aufnahmesituation zu ermöglichen. Denken wir stets daran, daß das Tier, das wir vor uns im Sucher sehen, völlig hilflos ist. Wenn es sich durch uns gestört fühlt, könnte es versuchen, sich einen neuen, schützenden Platz zu suchen. Die Libelle könnte dabei vom Schilfhalm oder Ästchen, an die sie sich gekrallt hat, rutschen und möglicherweise zu Boden fallen. Ihre noch weichen Körperteile, ihre jetzt hochempfindlichen, feuchten Flügel könnten sich durch Erdreich verschmutzen oder verformen. Solche „Unfälle" passieren mitunter auch draußen in freier Natur. Meist erwartet die Libelle dann ein elendes Dasein als flugunfähiges Insekt. Am Gartenteich aber sollte sie unseren besonderen Schutz genießen. Kein noch so schönes Foto wird uns letztlich Freude machen, wenn sie dabei zu Schaden kommt.

Von den weißen Haarbüscheln des Wollgrases lösen sich die reifen Samen und werden vom Wind davongetragen.

Stichwortregister

Bezugsquellen

Eberhard König, Karnivorengärtnerei
88662 Überlingen, Rauhhalde 25
Tel. 07551/5935 – Fax 07551/3900

Orchideen-Anzucht Röllke
33758 Stukenbrock-Schloß Holte
Flößweg 11
Tel. 05207/6647 – Fax 05207/6697

Spezialgärtnerei für Insectivoren
Th. Carow & U. Wrono
97720 Nüdlingen, Ümfigstraße 5
Tel. 0971/65322 – Fax 0971/4875

Botanische Raritäten Wetzel
42349 Wuppertal, Oberkohlfurth
Tel. 0202/470443 – Fax 0202/4780119

Erich Maier, Botanische Spezialitäten
48341 Altenberge-Hansell 155
Tel. 02505/1533 – Fax 02505/3967

Insektivorengesellschaften

Deutschland:
Gesellschaft für
Fleischfressende Pflanzen e.V.
Holger Hennern
Markstraße 15, Bochum

Niederlande:
H. Lurs
Krayenhoffstraat 51
NL 1018 R.J. Amsterdam

Bücher, die weiterhelfen

Adrian Slack: Karnivoren, Biologie und Kultur, Ulmer-Verlag, ISBN 3-8001-6158-3

Guido Braem:
Fleischfressende Pflanzen,
Arten und Kultur,
Naturbuch-Verlag,
ISBN 3-89440-014-5

Carow/Fürst:
Fleichfressende Pflanzen,
Artenübersicht – Kultur – Vermehrung,
Verlag Thomas Carow,
ISBN 3-9801839-1-2

Bernhard Teichfischer

Koi
in den schönsten
Wassergärten

240 Seiten,
300 farbige Abbildungen,
80 Zeichnungen, kart.,
DM 69,–
ISBN 3-921684-24-2

Viele dekorative und mit Koi besetzte Wassergärten werden in diesem Buch, mit genauen Anleitungen zum Bau, vorgestellt. Dies sind insbesondere die immergrünen japanischen Gärten des Zen-Buddhismus und deren Nachgestaltungen, aber auch naturnahe Wassergärten in anderen Stilarten wie z.B. Wassergärten in England.

Einen Schwerpunkt bilden die Anleitungen zum Teichbau mit Einrichtungen, die das Wasser für die Haltung von Koi geeignet machen sowie alles über Kauf, Transport, Haltung, Zucht und Krankheiten der Koi.

Bitte fordern Sie das kostenlose Buchverzeichnis an.

Dähne Verlag GmbH · Postfach 250 · 76256 Ettlingen
Telefon 0 72 43 / 575–142 · Fax 575–100